効率が20倍UPする
「超並列脳」の仕事術!

Grain Size

グレインサイズの高め方

グレインサイズとは、情報処理のユニット。グレインサイズをコントロールできると脳が本来持つ並列処理ができる! 脳は複数のタスクを同時に処理出来るようになって生産性が大幅に上がる!

脳機能学者・カーネギーメロン大学博士
Hideto Tomabechi Ph.D.
苫米地英人

フォレスト出版

まえがき

人工知能をあなたの脳に移植する！

【付属 CD の使い方】

付属ＣＤと巻末の並列読書トレーニングテキストは、それぞれ独立してトレーニングするものになっています。

本を読んだあと、トレーニングまずはＣＤを聞いてください。苫米地英人の著書『コンフォートゾーンの作り方』の一部と『頭の回転が 50 倍速くなる脳の作り方』の一部を朗読した音声がミックスして流れています。２つの話を同時に理解するトレーニングになっています。このときテキストは、読む必要はありません。

リラックスして聞き流すようにしてください（一方の音声に集中し、もう一方の音声を聞き流すように聞くのもオススメです）。

人工知能をあなたの脳に移植する！

あなたは人工知能を知っていますか？

そもそも人工知能とは、コンピュータに人間の脳と同様の知能・働きをもたせようとした基礎技術や研究のことを指します。

私はその分野で長年研究をつづけ、**「人工知能は、人間の脳と同じように、超並列処理をすることで、効率の高い高度情報処理をすることができる」**ということを発見しました。この研究の成果を、本書で紹介しようと思います。

あなたにはいま「やらなければならないこと」はありますか？

また、あなたがいま「やりたいと思っていること」はどんなことでしょうか？

もしも、時間が巻き戻るなら、どんなことに挑戦したいと思っていますか？

「人には平等に与えられた時間しかない」

だから、あなたの決断ひとつひとつが大切になってきます。あらゆる業種、会社、学校、講師…人生には選択肢がいくつも用意されていますが、選ぶことができるのはひとつです。

しかし、**脳にとっての時間は幻想**です。

脳の体感時間・情報処理能力はいくらでも速くすることができます。

そして、脳の情報処理はほんらい超並列的に処理する能力を持っています。だから人生の選択肢の中でひとつを選ばなければならない、ということも幻想なのです。

この幻想を吹き飛ばしてくれるのは、人工知能から生まれた「グレインサイズ」のメソッドです。**この人工知能から生まれたメソッドがあなたの脳の情報処理能力を最大限引き出します！**

機能脳科学、現代認知科学、人工知能でわかった！　超並列脳のつくり方！

本書は

「仕事が大量にあり過ぎて、手に負えなくなっている」

「いつも残業ばかりでプライベートの時間がない」
「仕事が遅く、周りから仕事ができないと思われている」
「複数のプロジェクトを動かす仕事がデキる人になりたい」
「やりたいことをどんどん実現して、成功したい」

と思っている人のために書かれている本です。もしもあなたが、これらのことに当てはまっているものがあれば役に立つはずです。

もしも、あなたが「仕事もバリバリできていて、プライベートも順調。問題ない」と感じているなら、この本は必要ないかも知れません。しかし、「仕事に行き詰まりを感じる」「もっと時間が欲しい」「もっと考える時間が欲しい」「もっと新しいことに触れて学習し続けたい」と思っている人は、人生が変わるはずです。

本書で紹介しているメソッドは、機能脳科学、現代認知科学、長年の人工知能研究でわかった、脳の生産性、仕事やあなたの人生の生産性を圧倒的に高めるトレーニングと方法論になっています。

人工知能から生まれた超並列脳をつくる「グレインサイズ」とは？

あなたはグレインサイズという言葉を知っていますか？

詳しくは後述しますが、人工知能、計算機科学の世界で生まれた言葉です。情報処理のユニットサイズのことを指します。

コンピュータには、クロックサイクルという情報処理演算速度を表す言葉があります。私は『クロックサイクルの速め方』という本も執筆しましたが、脳にあるクロックサイクルを速めることで、体感時間は圧縮され、仕事のスピードや生活のスピードが圧倒的に上がります。

しかし、クロックサイクル以上に重要なのがグレインサイズです。グレインサイズは情報処理のユニットであり、認識のフレームになるものです。

クロックサイクルが

「ひとつの作業をどのくらいのスピードで処理するか」

というものだったのに対し、グレインサイズは

「処理に振り分けられる容量の大きさ」「もっとも最適な処理」を行うものだと考えてもらえばいいでしょう。

脳が仕事をするときに必要とする処理能力に大きなサイズの処理、小さなサイズの処理がありますが、それに適したサイズを認識し、うまくコントロールすることで、仕事はいくらでも同時に行うことができます。

実際私は、1日数十冊の本を読みながら、本を年間40冊以上執筆、複数の会社の経営、講演・セミナー、イベントの主催、ライブ活動、世界でのTPIE（タイス・プリンシプル・イン・エクセレンス　※世界の心理学の権威達と作り上げたコーチングプログラム）の普及活動などを行っています。

それでもまだまだ仕事をする時間的余裕があり、夜はギターの演奏以外にも、アメリカドラマのDVDを見たり、ライカのレンズの掃除や調整、真空管アンプのメンテナンスなどを行っています。

脳はグレインサイズ次第で、いくらでも並列化ができるので、同時に複数の仕事、大量の仕事をこなすことがまったく難しいことではなくなるのです。

無意識が並列処理能力をつくる！

昔から言っているように、日本人の仕事の生産性は全然高くありません。生産性の高い仕事、人生を過ごすためには、グレインサイズを高めていく必要があるのです。グレインサイズをコントロールし、あなたの脳をシリアル（直列的）な処理から、超並列処理を行う脳である「超並列脳」ができれば、現在の能力をはるかに超えた生産性・仕事の能力を手に入れることができるはずです。超並列脳のカギは、無意識化です。そして、パラレル（並列的）な処理ができているかにかかっています。

多くの優秀な人材、天才と呼ばれる人は、パラレルな思考ができている場合が多いのです。

多くの人は、シリアルな思考が癖《くせ》になっています。シリアルな思考というのは、順々にひとつことを終わらせてから作業・タスク処理をすることです。何がまずいかというと、ひとつ目のタスクに時間をとられると、その間その他の作業が止まって、生産性が落ちてしまうことです。

グレインサイズを高め、日々のタスク（仕事）をコントロールすることで、どんどんパラレルな思考ができるようになるはずです。

　そして本書では方法論だけでなく、具体的なトレーニングをいくつもご用意しています。

超並列脳をつくる並列読書トレーニングCD付き！

　最後に2冊の本を同時に読むトレーニングを用意しています。2つの本のナレーション音声を同時に聴き分け、理解することで脳の並列処理能力を高めるトレーニングです。原稿も用意していますが、基本はCDを聴くだけでもグレインサイズが高まり、並列処理能力を高めることができるようになっています。
　序章では、**「なぜ、「グレインサイズ」が必要なのか？」**ということを解説したいと思います。
　第1章では、**「なぜ、日本人の生産性は上がらないのか？」**について解説します。なぜ、仕事の生産性が低いのか、どうすれば高めることができるのか、並列処理の「バックグラウンド・プロセッシング」を行う方法をご紹介します。
　第2章では、**「知識の塊としてのグレインサイズ」**について紹介します。知識と行動はワンセットですので、知識としてのグレインサイズが必要になります。そのトレーニング方法も紹介しています。

第3章では、**「グレインサイズを最適化し、脳を進化させる方法」**を紹介します。

第4章では、**「グレインサイズを高めて、ブレークスルーを可能にする方法」**を紹介します。グレインサイズを高めることで、一段上の抽象度で物事を捉え、一気に問題解決をすることができるようになります。

第5章では、**「グレインサイズをコントロールして、相手を思い通り動かすテクニック」**をご紹介します。グレインサイズは、相手の行動をフレームとしても捉えることができるようになるので、相手の動きを予測したり、思い通りに動かしたりすることも可能になります。その具体的なテクニックも解説します。

最後に特別付録として、拙著『クロックサイクルの速め方』と『コンフォートゾーンの作り方』（ともにフォレスト出版）の一部を使って、超並列脳をつくるトレーニングを用意しています。

本書を使って、グレインサイズを高め、「超並列脳」をつくり、あなたの仕事、人生の生産性を高め、時間的な自由、自由な人生を手に入れて下さい。

苫米地英人

もくじ

第2章 知識の塊としてのグレインサイズを大量に持て！
～天才脳機能学者がずっとつづけている秘密のメソッド～

第3章 グレインサイズを最適化する
～新しいゲシュタルト・ソリューションを生成する！～

第4章 グレインサイズを高めて、ブレークスルーを可能にする方法 ～人工知能・グレインサイズ・現代分析哲学～

第5章　情報空間のグレインサイズで予測力がつく！　相手を自在にコントロールできる！

～フレームで動かす秘伝テクニック～

序章

なぜ、「グレインサイズ」が必要なのか？

グレインサイズがあなたに何をもたらすか？

いま日本は長く続く経済的危機を迎えています。どこの会社の話を聞いても、「不景気ですから…」「売り上げが結構ヤバイんです」「また売上目標に到達できませんでした」というような話を聞きます。

会社の売り上げが下がるということは、それは仕事量が膨大に増えることを意味します。「売り上げが立たないから、新商品を」「会社がヤバイから、新しい人材は入れられない。でももっと頑張ってくれ」と経営者は言ってくるからです。

つまり圧倒的な生産性が求められるのです。**「同じ時間で数倍の結果を残す人」**のみが今後求められていきます。

どうすれば、「大量の仕事」を苦もなくできるようになるか？

どうすれば、「大量の知識」を苦もなく身につけられるようになるか？

本書はこれらの問題に、これから決定的な解を与えようと思います。

それが本書のテーマになる**「グレインサイズ」**という概念であり、能力です。

「グレインサイズとは何か？」という話をするにあたって、「クロックサイクル」について簡単に解説します。グレインサイズは、「クロックサイクル」とワンセットとなるべき概念です。

「クロックサイクル」とは、人間が感じとる時間の概念です。

人はふつう、時間は一定の速さで進んでいると考えていますが、じつは時間の進み方は各人の感覚によって異なり、体感時間の進み方が物理的に決められているわけではありません。ふだんの行動や思考を意識的に速めていくことで、脳の情報処理速度自体が加速して、実際にいくらでも体感時間を縮めることは可能です。

そうやってクロックサイクルを速めていくと、1日の時間を何倍にも有効に使うことができます。本書の姉妹書である『クロックサイクルの速め方』（フォレスト出版）で紹介したのは、その方法論と技術、トレーニングでした。

クロックサイクルとは？

人間の脳にそなわっている物事の
処理スピードのこと

クロックサイクル
＝
コンピュータの
CPUの演算速度

生物にも存在する
脳の情報処理速度・体感時間！

クロックサイクルが速いと…

- 頭の回転が速く、仕事や勉強での結果が出る！
- 他の人よりも速く問題解決法が見つけ出せる！
- 他の人よりも多くの仕事を早くこなせる！

訓練次第で誰でも
クロックサイクルは速くできる！

クロックサイクルを簡単にいえば、脳の情報処理スピードの話になるわけですが、いっぽうのグレインサイズには2つの意味があります。

ひとつは脳の並列処理。もうひとつはタスク・認識における抽象度の話です。つまり、グレインサイズという言葉は、この2つを同時に表す概念である、ということです。

グレインサイズの考え方を取り入れ、訓練を行うと、意識に上がっている目の前の仕事に取り組みながら、無意識による並列処理によって同時に複数の仕事ができるようになります。また、知識と思考の抽象度が上がります。

その結果、いまとは比べものにならないほど生産性・効率が上がります。大量の仕事をしたり、知識を身につけたり、考えをまとめたりすることができるようになるのです。

これが、グレインサイズという考え方を学び、それを訓練することの第1の意義です。

グレインサイズとは？

グレインサイズは、計算機科学の用語で、そもそもは人工知能の研究から生まれてきた概念です。

人工知能は、人間の脳と同じように、超並列処理を行います。ただし、現在の段階ではソフトウェア的に超並列処理をシミュレートしています。また超並列マシンもハードウェアで成功していますが、人間の脳の並列度にははるかにかないません。ただ、将来的には人間並みに並列度を上げることも時間の問題です。

ところが、それだけで人間に匹敵する知能が生み出せるかというと、必ずしもそうではありません。その実現のためには、今度はソフトウェアの進化が必要です。

私は、80年代に人工知能研究に携わり、大きな成果を出したと自負していますが、その過程で、あらためて人間の脳についてふり返る機会をたびたび持ちました。

人工知能研究の成果を人間の脳にフィードバックすることによって、人間の能力がはるかに向上することがはっきりわかったからです。

その主たるものが、グレインサイズという概念です。

英語でグレインとは、穀物の種子を表します。つまり、ひとまとまりの、小さな粒のことです。

私たちが持つ知識は、さまざまな広がりを持っています。

たとえば、１＋１＝２という知識は、数という概念や足し算という概念、あるいは算術記号という概念を含んでいます。それらの概念がひとかたまりになって、知識のグレインがつくり出されています。

私たちの脳の中には、そうした知識のグレインが大量に詰め込まれています。私たちの脳は、そのグレインを動かすことによって、物事を考えたり、判断を行ったり、行動をとったりしているわけです。

人工知能では、この知識のグレインをコンピュータの中につくり上げなければなりません。そのために、抽象度の低いグレインサイズから高いグレインサイズまで、最低でも３つの階層のアーキテクチャーをつくります。それぞれが動かすグレインサイズを最適化することから始めるわけです。

人の脳はグレインサイズに無頓着！

グレインサイズは、単に大きければより素晴らしい思考が生まれるというわけではありません。

グレインサイズとは？

人間の脳に備わっている
情報処理のユニットサイズ
（知識、概念のかたまり）

1＋1＝2　という知識

数の概念　足し算の概念　算術記号の概念

これらの概念がひとかたまりになって、
知識のグレインがつくられる！

**グレインサイズは超並列処理（脳）を
つくる上で重要な概念**

大切なのは、それぞれの知識には最適なグレインサイズがあるということです。その最適なグレインサイズで知識を動かすことができて、初めてより大きなグレインサイズの知識を上手に動かすことができます。人工知能の実現がひとえにソフトウェアにかかっているというのは、こうした前提があるからです。

逆にいえば、**人間の脳の中には、ある程度、完成されたソフトウェアがあるにもかかわらず、その働きは必ずしも十分とはいえません。**

なぜそういえるのかといえば、脳の中の知識は必ずしも最適化されたグレインサイズではなく、私たちはグレインサイズを動かすことにあまりにも無頓着だからです。

最適化されていないということは、いわばムダな処理が多い状態だったり、ほんらいあるべき処理が欠けていたりするということです。その結果、ほとんどの人たちが、余計なことを考えて失敗したり、不完全な思考によって誤った判断を下したりして、無為に時間を過ごしています。

人間の脳の中にある知識の処理を最適なグレインサイズにすることができれば、そういうムダを省けることはもとより、極めて多くの仕事を並列処理することができるようになります。

「え？　本当に？」と思うかもしれませんが、それは**理論人工知能研究によっても解明済みの**

最適なグレインサイズとは？

それぞれの知識は
最適なグレインサイズである

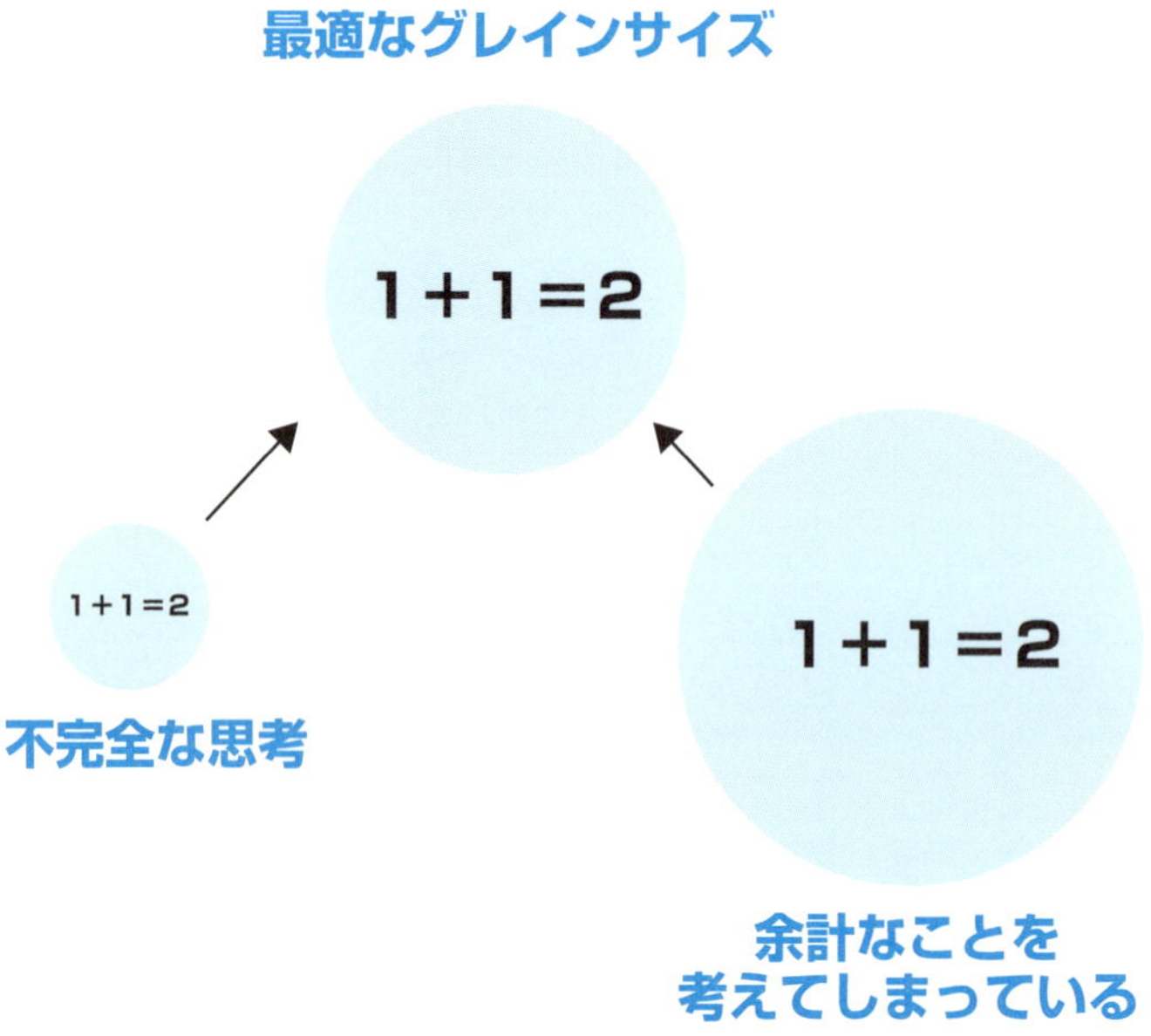

**最適なグレインサイズに
することができれば、
ムダな時間を省け、多くの仕事を
並列処理することができる！**

ことです。

グレインサイズが引き起こすブレークスルー

計算機科学以前にグレインサイズという言葉は存在していませんでしたが、いま考えると、それらの概念にかするような「物事の記述や伝統的な訓練」は、若干ながらあったのではないかと思います。

しかし、それは概念として確立されていませんでしたから、グレインサイズの概念を体系的な知識にまとめ、その訓練法を確立する作業は、まったく行われてきませんでした。

意識的にグレインサイズの最適化を行えば、私たちは、同時に2つの仕事でも、3つの仕事でも、それ以上に多くの仕事でもできるようになります。

同時にたくさんの仕事ができるようになれば、私たちが使うことのできる時間は何倍にも増えます。

私が『クロックサイクルの速め方』で提唱した「クロックサイクルを速める方法」を同時に

修得すれば、さらにその何倍も時間を有効に使えるようになります。

人生80年が、人生500年にも人生1000年にも匹敵するほど、たくさんの物事を成し遂げることができるようになる、脳にはそれだけの能力がある、ということです。


また、思考の抽象度を上げることもできます。

なぜなら、抽象度をひとつ上げるということは、知識にすべて最適な処理のグレインサイズが割り当てられた結果、自らをひとつ上の高い抽象度に上げていくことだからです。

たとえば、あらゆる人間社会の進化は、新しい概念をつくることによって生み出されます。

新しい概念が生まれるまでは、人々はその時代、時代の常識を持っています。

すべての歴史に共通するものですが、新しい概念が誕生するときというのは、社会全体がその常識を当たり前のこととして共有するようになった瞬間です。グレインサイズでいえば、最適化が行われた瞬間ということができます。なぜなら、社会全体がある常識を当たり前のこととして共有する状態は、社会という枠組みの中で、その常識のグレインサイズが最適化された状態だからです。そのとき、社会に突如として新しい概念が生み出されるわけです。

グレインサイズが引き起こすブレークスルー

新しい概念が誕生するときは、
社会全体がその常識を
当たり前のように共有した瞬間

＝

グレインサイズで
最適化が行われた瞬間

ニュートンの
万有引力の法則

アインシュタインの
相対性理論

**すべてはグレインサイズが
最適化したあとに
生まれるブレークスルー！**

最適化が行われている間に、常識のブレークスルーはつねに準備されています。たとえば、ニュートンの万有引力の法則も、アインシュタインの相対性原理も、そうした意味におけるブレークスルーだったと捉えなくてはなりません。

「進化」は最適化が前提となる!

個人の進化についても、同様のことがいえます。

個人において、すべての知識でグレインサイズの最適化を行えば、その人は最適化がすべて整った瞬間を境に、突然のように抽象度の高い思考を獲得することになります。人間は、いつもそのようにして囚われてきた考えにまったく価値がないことを発見し、あるいは解けなかった問題に対するきわめてエレガントな解を見出します。

そして、それが当たり前のことになり、その抽象度における知識が最適化されると、**その人の思考はさらにもうひとつ上の抽象度へと上がっていく**わけです。それが、人間が個人において進化するということにほかなりません。

グレインサイズを上げるということは、個人において、このような進化を遂げることを意味しています。その結果、人の何倍もできることが増えたり、時間を有効に使えるようになったりするだけでなく、仕事観や生活観、社会観や世界観さえも、大きく変化することでしょう。つまり、より自由な生き方をすることに、グレインサイズの最適化の問題はダイレクトに結びついているわけです。

これからの困難な21世紀を生きるうえで、グレインサイズの概念とその調整法を身につけることはとても重要です。

ただし、それを身につけてしまえば、困難な時代という認識も、生きていく方向性も、あるいは自分が取り組むべき本当に価値あるものも、すべてが変わって見えてくるに違いありません。それが、知識処理のグレインサイズを最適化する、最終的な目的ともいえるのです。

第1章

なぜ、日本人の生産性は上がらないのか？

～超並列処理を行うバックグラウンド・プロセッシング～

同時に複数の仕事ができない理由とは？

「人間は同時にいくつもの仕事ができる」

これを聞いて、あなたはどのような考えを持つでしょうか。

たいていの人は、「同時にいくつもの仕事を抱えるのは苦手だ」と思うのではないでしょうか。

じっさい、複数の仕事を同時に、間違いなくできる人はあまり多くいません。それができる人は少ないからこそ、どこに行っても賞賛の的になるわけです。

世の中には、たとえひとつの仕事しか担当していないのに、満足にやり遂げることのできない人がたくさんいます。

たとえば、新入社員の人によく見られるのは、お使いでたくさんの用事を言いつけられると、そのうちのひとつか2つを必ず忘れてしまう人です。

新入社員のうちは、毎日の仕事に緊張しているため、その人は、能力を十分に発揮するための居心地のいいコンフォートゾーンにはいません。

コンフォートゾーンは、物理的、情報的にも自分にとって居心地のいい空間のことです。コンフォートゾーンにいる人は、自分の能力を最大限に発揮することができます。

このときであれば、新入社員は「ふだんのコンフォートゾーン」に無意識に戻ろうとします。彼にとって不快な状態だから無意識的に戻ってしまいます。

すると、自分を取り巻く新しい状況を把握しようにも、それがその人の目には入らなくなります。人の脳は、自分にとって重要なものしか認識できない、という仕組みがあります。つまりその結果、目の前の状況も正しく把握できなくなり、言いつけられた用事をぽろぽろととりこぼしてしまうわけです。

これが、私が言う「スコトーマ（認知の盲点）」の原理です。

しばらくたって、会社という新しい環境に慣れてくると、新入社員にも職場がコンフォートゾーンになってきます。そうするとスコトーマが外れてきますから、用事を簡単に忘れることもなくなります。それでも、たいていの人は、たくさんの仕事を任されると緊張し、自分が置かれた新しい状況を正しく把握することができなくなります。慣れの問題もありますが、そう

コンフォートゾーンから外れると？

コンフォートゾーンとは、物理的・情報的にも自分にとって居心地のいい空間のことです。コンフォートゾーンにいる人は、自分の能力を最大限に発揮することができます。

コンフォートゾーンから外れると、いきなりスコトーマ（認知の盲点）が生まれるために、周囲の人に想像がつかない間違いをし始める！

肉体的な影響

- 抽象思考ができなくなる
- 呼吸が速くなり、筋肉が硬直する、心拍数が上がる
- 運動パフォーマンスが下がる

コンフォートゾーンから外れると能力・パフォーマンスが低くなる

した経験が積み重なると、

「同時にたくさんの仕事を任されるのは嫌だなあ」

と思い込むようになるわけです。

同時通訳をしながら英語の辞書を引く

しかし、よく考えてみましょう。私たちは、いつも同時にいろいろな仕事をしています。たとえば、くだらない話かもしれませんが、料理をつくりながらテレビの連ドラを楽しんでいる家庭の主婦はたくさんいます。

また、国連の会議で同時通訳をしている年配の女性の中には、会議場で同時通訳をしながら、両手では編み物をしている人がけっこういます。

私も若いとき、サイマルで同時通訳の仕事をしていましたが、ブースでは同時通訳をしながら辞書を引いていました。

当時、ＮＨＫ英語講座の講師としても有名だった同時通訳者の松本道弘さんと同じブースに入ったことがあり、私は「こんな単語も知らないのか」とてっきり怒られるものと思っていたのですが、松本さんはある著作の中で、

「同時通訳をしながら英語の辞書を引いている若者がいた。サイマル恐るべし」と記しました。彼にとって、同時通訳をしながら辞書を引くことは〝芸当〟に見えたのでしょう。

英語は日本語と構文が逆ですから、通訳するまでに10秒や15秒のタイムラグがあります。その時間を使って、わからないテクニカルタームを引くことくらいは簡単にできることです。これは特別な才能や特別な芸当という話ではなく、年配の女性通訳者が同時通訳をしながら編み物をするのと同様に、必要性があれば、いつの間にかできることなのです。

同時並列処理はあなたもやっている？

あなたも、ふだんから私と同じようなことをしているはずです。

たとえば、パソコンに向かって報告書を打ちこんでいるときに、「今日の晩ご飯は何にしようかな」と考えたり、「彼女の誕生日に贈るプレゼントはあれがいい」と思いついたりしているでしょう。

仕事のことでも、報告書の内容とはまったく異なること、たとえば「取引先のAさんに、こういうシステムを提案してみよう」とひらめいたり、「こういう新しいマーケティング手法を使ったら製品の売り上げがこのくらい増えるだろう」と考えたり、「部下の士気を上げるために、朝礼でこんな話をしてみよう」とアイデアをまとめたりしているはずです。

もちろん意識が行っている処理は、シリアルな処理、直列的処理がほとんどです。「これをやろう」と思ったことを連続的に処理していき、そのほかのことには手が回りません。たとえば、パソコンで報告書を打ち込みながら、同時に取引先と商談することが不可能であるように、意識はひとつのテーマを連続的に処理していくものばかりです。もちろん、人間には右脳と左脳がありますから、意識によって同時に2つまでは処理をすることは可能とされていますが。

いっぽう、**無意識は並列処理を得意**としています。

私たちは、何か唐突にビジネスのいいアイデアを思いついたり、抱えている課題の処理の仕方がひらめいたりします。意識が処理している目の前の仕事に没頭しているにもかかわらず、ひらめくわけです。

これはすべて、無意識が行っている脳の並列処理の結果なのです。

日本人の生産性は驚くほど低い！

これからビジネスで結果を残したい人がいま最もするべきことは個人レベルの生産性を高めることです。私は多くのビジネスマンをコーチングしているので、日本のビジネスの現状はよくわかっているつもりですが、日本の会社の生産性は圧倒的に低いと感じています。

それには2つの理由が考えられます。ひとつは日本人が慣れきった慣習。もうひとつがシリアルな思考しかできないからです。

日本の会社、仕事の現場には多くのムダがあります。たとえば、私は都内のホテルで打ち合わせをすることがよくあります。あるときホテルから見えるとなりビルの会議室で会議が行われていました。自分の打ち合わせを終えて、お茶を飲みながら1時間ほど雑談をして帰ろうかと思い、ふと隣のビルを見てみると、まだその会議室では同じメンバーで会議が行われていました。

日本の会社は会議が好きだとよく言われています。何かあれば、すべて会議を必要として、何度も長時間の会議を行っています。その会議の間に仕事したら生産性は上がるだろうと思ってしまいます。

そもそもビジネスにおいて、会議は不要なのです。なぜならビジネスにおいてコンセンサスを取る必要はほぼないのです。**必要なのはデータ、ファクト（事実）**だけです。データは配られれば瞬間的にわかるものであり、そのデータがあれば取るべき行動は誰が決めても同じになるはずです。もちろん意思決定権を持つ個人が責任を持って判断すればいいことです。

日本の会議は責任の所在を曖昧にすることが最大の機能のように思えます。

不特定多数の人間がいるなら、多数決を取るかサイコロを振るだけでいいのです。

社内での会話はムダだらけ！

ほかにも、日本の職場にあるムダは、ダラダラとしたムダな会話が多すぎることです。同僚との会話、クライアントや外部取引先、会議での会話など多くがムダな時間です。生産性の高い人は、シンプルに、短く、要点だけを話し、ムダな会話はしません。

もしも、仕事で結果が出ていない人で「そうではない」という人がいるのであれば、一度、1日レコーダーで自分の話している会話を録音して、聞いてみてください。きっと数秒で終わるような話をダラダラと話しているはずです。

ビジネスにおけるコミュニケーションは重要ですが、ダラダラと不必要な会話や雑談は重要ではありません。それによって生産性が落ちているのなら、それこそムダの一言です。

ビジネスの会話において、ムダな言葉を発するべきではありません。

「雑談をして親密になることも重要なことだ」

というのであれば、それは仕事時間外に行うべきことでしょう。**ビジネスのゴールは単純明快。「最大効率にタスクを処理し、最大の成果を出すこと」です。**

仕事をしている間は、そのゴールに集中し、ムダなコミュニケーション、生産性が落ちることは絶対にするべきではないのです。

これらは一例ですが、生産性の低さは、日本の会社が当たり前と思っている慣習に原因があることが多いのです。

私もよく言いますが、**「日本の会社に3年もいれば、ただの人」**。学生時代に神童と言われる人も日本の企業に入社し、３年もすれば平凡な人になってしまいます。

日本人が慌ただしく仕事をたくさんしているので生産性が高いと思うかもしれませんが、それはただの妄想です。

働いている時間が長いだけで、高い生産性と効率良く仕事している人は多くありません。

人間はシリアル思考に慣れすぎている

それではどうすれば日本にいながら、生産性を上げていくことができるか、という答えがグレインサイズをコントロールして、超並列脳をつくることです。

さきほども述べたとおり超並列処理は、人間が普段から行っていることであり、ほんらい脳が得意とする部分です。超並列処理が行える人の生産性は、圧倒的に高くなります。複数のタスクを同時並列で進められることができる上、周りの人が発見できないソリューションに気づくことができるからです。

しかし、実際世の中を見回してみても、超並列的な処理ができている人は、あまり多くありません。

それにはひとつの理由があります。それは社会的にシリアルな思考をすることが正しいと無意識的に信じ込んでいるからです。簡単にいえば、人間はひとつのことしかできない、と思い込んでいるということです。

これはアリストテレスが提唱した三段論法的なシリアルな思考が定着してしまったからだと言えるでしょう。三段論法とは、

「A＞B」「B＞C」よって「A＞C」

というものです。これは思考も同じ直列（シリアル）思考を担っていると考えられます。**シリアル思考は、人間の脳が情報を処理する上でも、生産性のボトルネックになっています。**どういうことかというと、シリアルな処理の場合、「A＞B」という最初の段階の処理が解決されないかぎり、次の処理に進むことができないということです。仕事を行う上で、10のタスクがあったとして、最初のひとつ目に時間がかかってしまうと、残りの9のタスクにはまったく手を付けられない、ということを意味します。

しかし、**超並列な処理を考えていけば、進められるものを同時並行で処理していけば、圧倒的に早くすべてのタスクをクリアすることができます。**

そして、その超並列的な処理は、人間の脳がほんらい得意とする処理能力なのです。

シリアル（直列）思考と超並列思考

「A＞B」「B＞C」よって「A＞C」
を処理する場合

《シリアル思考》

「A＞B」「B＞C」よって「A＞C」

→

「A＞B」が処理されない限り、
次の処理に進むことができない！

《超並列思考》

「A＞B」「B＞C」よって「A＞C」

「A＞B」「B＞C」と処理できるものから
同時並行で進められるので
物事のタスクを素早くクリアできる

「フロント・プロセッシング」と「バックグラウンド・プロセッシング」

超並列処理における最初のステップをご紹介しましょう。

2つのタスクを同時並行で処理できる「フロント・プロセッシング」と「バックグラウンド・プロセッシング」です。

私たちの仕事は意識だけがしているものではなく、無意識もそれを実行しています。意識は「これをしよう」と意識したものの処理を行い、無意識は意識に上っていない情報を処理しているわけです。

このことは、コンピュータでも同じです。

コンピュータが行っている仕事にも「フロント・プロセッシング」と「バックグラウンド・プロセッシング」の2つがあります。

たとえば、パソコンを使っていて、ワードをフロント・プロセッシングで行いながら、バックグラウンド・プロセッシングではメールソフトがメールをとりに行っている、というのがそれに当たります。ご存じだと思いますが、コンピューターがバックグラウンド・プロセッシングで行っている処理量は、じつに膨大です。

同様に、人間の思考や行動においても、バックグラウンドで行われている処理は膨大に存在しています。

多くの人は、フロント・プロセッシングで行うもののみを仕事だと捉えがちですが、じつは無意識がバックグラウンド・プロセッシングを行っていることによって、人間は想像以上にたくさんの仕事を並列的に処理しているわけです。

人間が行うバックグラウンドの処理について、理解しやすいように抽象度の低いところで例をあげてみましょう。

たとえば、私たちの心臓はつねに動いています。血液も、つねに体内を循環し、身体中に酸素を送っています。これはすべて、無意識が行っているバックグラウンド・プロセッシングです。そのため、**私たちは「仕事に無我夢中で取り組んだせいで、心臓を動かすのを忘れていました」ということには決してなりません**。

先のケースでいえば、フロント・プロセッシングで意識が報告書を作成し、バックグラウン

フロント・プロセッシングとバックグラウンド・プロセッシング

「**フロント・プロセッシング**」とは？
人間の意識上行っている処理

「**バックグラウンド・プロセッシング**」とは？
意識上に上がっていない
無意識における情報処理

例 無意識で取引先のAさんに対するプレゼンを考える ＝ **バックグラウンド・プロセッシング**

PCで報告書を作成＝**フロント・プロセッシング**

バックグラウンド・プロセッシングが超並列脳のカギになる！

ドでは無意識が取引先のAさんに対するプレゼンを考えたり、製品の新しい販売方法を考えたりしているということです。

「バックグラウンド・プロセッシング」は意識できない

もちろん、バックグラウンド・プロセッシングは脳が無意識上で行う情報処理ですから、私たちはアイデアや結論が意識に上ってくるまで、自分がそういう処理をしているということは、自覚すらありません。

これは、心臓が動いていることを自覚できないのと同じです。いくつも仕事をしているとか、同時に複数のことを考えているという自分の状態を知らないままに、それを実行しているわけです。

グレインサイズには並列処理と抽象度の2つの意味があることはすでにお話ししましたが、以上のようなことが、人間が行っている並列処理の基本原理です。

「なんだ、そんなことか」と思うかもしれませんが、ここでグレインサイズという概念がその重要性を増してきます。

無意識が何かを考える、あるいは何かの仕事をするとしても、そこには自ずと、何かを考え、仕事をするための知識のグレインがなくてはなりません。きちんとひとまとまりになった知識がなければ、無意識がいくら頑張っても、考えをまとめ結論を導くことはとうていかなわないことです。

つまり、無意識に効率的にたくさんの仕事をさせようとすれば、グレインサイズの調整、最適化は避けて通れないということです。最適なグレインサイズの知識がなければ、たとえ意識がフロント・プロセッシングでそれを処理しようとしても、うまくいかないことはいうまでもありません。

16歳でコロンビア大学MBA取得！ 新卒でバイスプレジデント！ でも……

ふつうの人は、無意識のうちにアイデアがひらめいたり、課題が解決したりしたときに、それがまるで〝たまたま訪れた幸運〟であるかのように感じます。

ほとんどの人は、物事を考えるのは意識が担う役割だとばかり考え、無意識のうちにひらめいた時は「ラッキー」と思うだけです。

ところが、私から見れば、これはとんだ勘違いです。

なぜなら、じつは無意識は、私たちが想像するよりもはるかにたくさんの処理を行っているからです。私の個人的な経験で恐縮ですが、参考までにちょっとしたエピソードを紹介しておきましょう。

最近になって、私のフェイスブックに、カーネギーメロン大学大学院時代の彼女からメールが届きました。このエピソードは、それがきっかけで思い出した学生時代の想い出です。

じつは、彼女はかなりの秀才でした。お父さんは有名大学の哲学科教授で、ユダヤ系の学者一家の娘です。

はっきりとは覚えていませんが、**彼女は、16歳か17歳でコロンビア大学のMBAを修了し、そのまま一度はシティバンクに勤めました。新卒で入社し、あっという間に出世して、もらった肩書がバイスプレジデントでした。**

もちろん、アメリカの銀行でいうバイスプレジデントは、日本でいう副社長ではありません。日本の企業の序列でいえば、課長さんといったところです。それでも16歳か17歳で世界に冠たる巨大金融機関の課長さんですから、23歳とか24歳とかで入社した同期の平社員は、そんな彼女の姿を見ていったいどういう感想を持ったことでしょうか。これを聞いたとき、私も少々驚きました。

当時は、人工知能に対する世の中の期待がたいへん高かった時代で、金融機関も人工知能を導入するプロジェクトをあちこちで立ち上げていました。そのひとつをバイスプレジデントとして担当したそうです。その関係で人工知能に興味を持った彼女は、一念発起するとシティバンクを辞め、コンピュータサイエンスを学ぶためにカーネギーメロン大学大学院に進んだのです。そして、クラスメートとして知り合った私は、彼女のアパートで共同生活を送るようになりました。

私は当時、カーネギーメロンに通う傍ら、黒澤映画にはまり、ピッツバーグフィルムメーカーズという映画専門学校に通っていました。当時の私は、映画を製作する大志を抱いていたのです。ちなみにピッツバーグフィルムメーカーズは、あのスティーブン・スピルバーグ監督がいた専門学校です。その意味で、私はスピルバーグ監督の後輩ということになるのです。私の行ったのは夜間学校で、それも中退ですが。

当時、大学院がひけると、私は毎日、映画のとり方や映像、写真の勉強をしに専門学校にでかけていました。そして、夜遅くに帰宅すると、眠気が襲ってくる明け方まで、黒澤映画をひたすら観るという毎日でした。いっぽうの彼女はといえば、大学院での勉強のために、帰宅すると寸暇を惜しんで大量の本と取っ組み合いをする毎日です。

２人の学生生活を傍から見れば、生真面目な女子学生とずぼらな男子学生の凸凹コンビに見えたことでしょう。どう見ても彼女のほうが圧倒的に勉強しているように見えることは、大学院でも衆目の一致するところでした。

ところが、成績は私がつねに首位、彼女はお尻から数えたほうが早いという順位だったのです。

あなたが「天才・秀才」に勝つ方法

なぜ、このような結果が生まれたのか。天才と秀才の違いと言いたいところですが、それは必ずしも当たっていないかもしれません。

理由は、私の無意識がバックグラウンドで証明を解いたり、反証を考えたり、論文の内容をまとめたりしていたからです。

映画のとり方を学び、フィルムを現像し、明け方まで黒澤映画を観ながらも、私の無意識はつねにコンピュータサイエンスのことを考えていました。他人から見れば、私はまるで勉強していない学生に見えたでしょうが、じっさいは違うのです。どう見ても遊んでいるようにしか見えないわけですが、その間にも私の無意識は、絶え間なく勉強をつづけていました。

逆に、彼女は勉強の虫にしか見えなかったでしょうが、彼女が意識で行っていた勉強量は、私が無意識で行っていた勉強量から見れば問題にならないくらい少なかったということです。

私は、当時から速読ができましたし、たしかに人一倍記憶力もよかったとは思います。しかし、いま思えば、それ以上に「グレインサイズを利用した並列処理」ができていたことによる効果が大きかったと思います。

そのため、**私には無意識が持つ膨大な処理能力を使うことができました。目が覚めてみると、証明が解けていたり、反証の内容がまとまっていたりすることは日常茶飯**のことでした。

学生時代のこのエピソードをふり返ると、私と彼女を隔てたものは、私が天才だったということではなく、私が圧倒的な仕事量を無意識が処理するのに、最適なグレインサイズの知識を大量に保持していた、そういうことに尽きるのではないかと思います。このエピソードの結論は、意識が行う仕事量は、無意識が行う仕事量にとうてい及びはしないということです。

超並列処理は「無意識」をつくれば、勝手に動き出す！

無意識に大量の仕事を並列処理させるためには、コツがあります。

そのひとつは、無意識がバックグラウンドで処理しやすいように、知識を最適なグレインサイズとして大量に持っておく、ということです。

2つめは、無意識がその処理をするための訓練を行うことです。

無意識が処理することにも訓練が必要だというと、意識できないことに必要な訓練があるのかと、不思議に感じるかもしれません。その疑問はもっともでしょう。ただ、ヨガなどでは心臓を効率よく動かしたり、血行をよくしたりする訓練は知られています。

また、こと知的作業に関しては、訓練が効くのです。

知的作業において無意識が処理していることは、最初は意識が行い、徐々にそれを無意識化したものです。

たとえば、いま目の前に集中して処理すべき仕事があるものの、別件のアイデアも同時にまとめておかなければいけないという場合、目の前の仕事が終わったときに、別件のアイデアも頭の中ですっかりまとまっているということがよくあると思います。

それは、そういう訓練をしたことがないのに「できた」ということではなく、ちゃんとした理由があります。

そういう切羽詰まった必要性が生じた過去があり、そのときに意識してそれを実行し、それ以来、自覚的ではないにせよ、何かあるときはずっとそれをやりつづけてきたということです。

それは、そういう自分になろうと意識的に行った訓練ではなかったかもしれませんが、切羽詰まった状況に応じて、我流に訓練を積んできたことの結果といえます。だからこそ、いまもそういうやり方ができているわけです。

このように、無意識に仕事をさせる訓練は、最初は意識的に行えばいいことです。

たとえば、わかりやすい例を上げると、空手の三本組み手がそれでしょう。

三本組み手というのは、たとえば左、右と正拳突きを出し、三本目は左回し蹴《け》りをくり出すというような組み手の最小ユニットのことです。

空手を習い始めたばかりのときは、左、右、回し蹴りというように、ひとつひとつの動きを強く意識しないと、力強い攻撃の形にはなりません。

ところが、毎日練習を積んでいくと、突きも回し蹴りもだんだん様になっていき、重心の移動や打撃をくり出すタイミングなどが自然に身についていきます。すると、くり出す打撃にも、いかにも破壊力が生まれてきます。

そして、それをくり返しているうちに、何かを意識することもなく、いつでも無意識でその動きができるようになります。これが、処理を無意識化することです。

このようにして、日常的に行っている仕事や知的な処理をユニット化し、それを無意識で行うことができるように、処理の無意識化の訓練をしていくわけです。

これらの訓練法については、後の章で詳しく述べようと思います。

無意識に大量の仕事を並列処理させるコツ

無意識に仕事をさせるために
最初は意識的に行う

例 最初は意識が行い、徐々にそれを無意識化させる

別件のアイデアを意識的に考えたことにより、目の前の仕事に追われていても、それが終わった途端、アイデアが無意識でまとまっている

グレインサイズが持つ「4つのサイズ」とは？

さて、グレインサイズが持つもうひとつの意味、抽象度の問題について説明していきましょう。グレインサイズを高める、大きくするというのは、情報処理のユニットの抽象度を上げるということです。つまり、グレインサイズには、抽象度が存在するということです。詳しく順に説明します。

グレインサイズには、サイズと名のつく通り、4つのサイズ、4つのユニットの大きさがあります。ここではレイヤー（階層）といったほうがわかりやすいかもしれません。

まず最も小さい最小単位のグレインサイズをファイバーといいます。人間でいえば、神経細胞レベルの話でコントロールしようもない極小サイズのグレインなので、今回の話では存在さえ意識しなくてもいいでしょう。

そして、**本書の中で一番小さいサイズとして扱う、ファイバーよりひとつ上のサイズが、スレッド**です。コンピュータでいえば、OSの低レベル処理のレベルです。人間の場合は、ニューラルネットワーク、つまり神経回路のレベルのものです。

もうひとつ高い抽象度のレベルは、計算機科学用語でいうとライトウェイトプロセスのレベルです。人間では、神経束のレベルといっていいでしょう。つまり、神経ひとつのレベルではなく、神経の塊のレベルということです。

そして、**その上のレベルが、コンピュータでいえばじっさいのプロセスのレベル**であり、人間でいえば意識のレベルです。

計算機科学では、スレッド、ライトウェイトプロセス、プロセスとで、処理のレベルがはっきりと異なっています。その違いは、簡単にいえばメモリの状態にあります。つまり、プロセスのレベルではタスクごとにメモリが分割されていますが、ライトウェイトプロセスのレベルではメモリが共有されています。

プロセスのレベルでは、たとえばサファリ（アップルのブラウザソフト）とメールソフトを同時に動かしている場合、サファリとメールソフトのメモリ空間はきちんと分けられています。もし同じメモリ空間を共有するとしたら、データが壊れてしまいます。コンピュータ上ではメモリ空間をバーチャルにたくさん持っており、それをプロセスごとに分けて使っているわけです。

メモリ空間を個別に割り当てられているプロセスのレベルの処理は、とても重たいといわなくてはなりません。

ＣＰＵがひとつしかない普通のパソコンでは、一度にひとつの処理しかできません。そこで、サファリが動いているときに、バックグラウンドでいくつもの並列処理をする場合には、データの読み込みのために順番に行ったり来たりして行います。

また、プロセスのレベルで動くプログラムを走らせるには、メモリ空間を管理することも必要です。これはＯＳの仕事ですが、前のメモリを引っ張ってきては元に戻すという作業を行わなくてはならず、これもまた、プロセスレベルの処理を重たくしています。

いっぽうライトウェイトプロセスのレベルでは、このメモリ空間は共有されています。たとえば同じサファリの中で、ブラウザがゲット処理でサイトに見に行くのと、画面に表示する処理は、逆にメモリ空間が共有されていなければ困ってしまいます。

そして、ライトウェイトプロセスのレベルの処理は、プロセスのレベルに比べて相当に軽いわけです。

グレインサイズのレベル

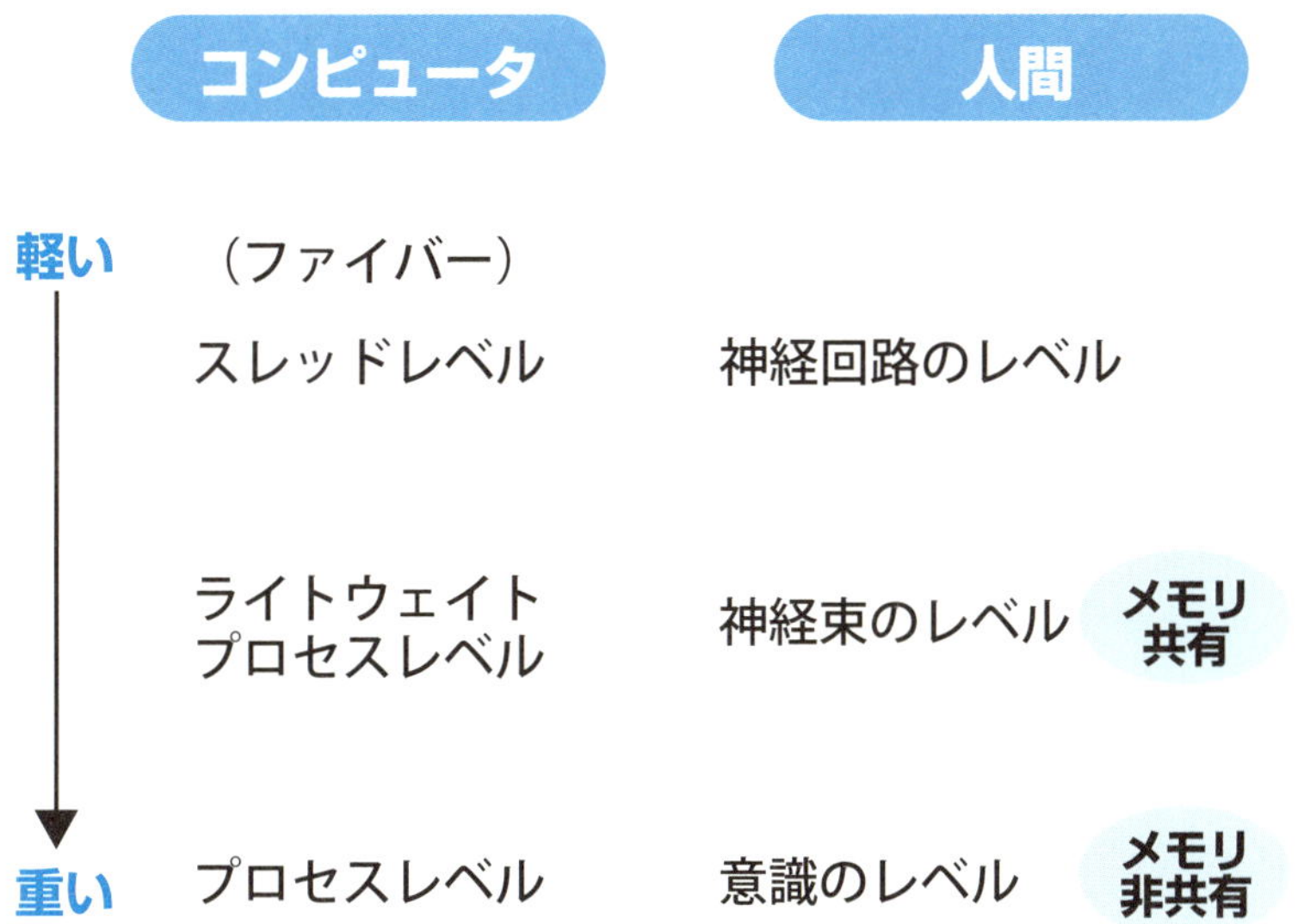

	コンピュータ	人間	
軽い	（ファイバー）スレッドレベル	神経回路のレベル	
	ライトウェイトプロセスレベル	神経束のレベル	メモリ共有
重い	プロセスレベル	意識のレベル	メモリ非共有

ライトウェイトプロセスとプロセスのグレインサイズをコントロールしよう！

人間にとってのメモリ共有とは?

メモリ空間を共有しているか、していないかという問題は、人間が行う処理にも当てはまります。

人間が行うタスクを考えた場合、問題になるのはプロセスおよびライトウェイトプロセスのレベルでしょう。なぜなら、神経回路レベルは、心臓を動かし血液を循環させるというレベルですから、それを生産的な知的作業に活用することは、そもそも無理な話です。

プロセスのレベルは、いまパソコンに向かって報告書を打ちこんでいる意識のレベルです。このとき、人は報告書に関係する情報をその他のタスクの情報と決してごっちゃにはしません。たとえば、私がいっぽうで中世の魔女狩りをテーマにした本を書き、いっぽうで現代の日本経済をテーマにした本を書くときは、それぞれにメモリが独立し、分かれています。誰でもそうだと思いますが、メモリがごっちゃになっていると書きづらいため、意識的にメモリを分けているわけです。

ところが、ライトウェイトプロセス的な仕事では、メモリを分けないほうがいい場合もよくあります。**たとえば、本を2冊同時に書くときでも、テーマの類似性によっては、情報を同じメモリ空間に溜め込んでおいたほうが書きやすい**という場合があります。

わかりやすい例でいえば、英語学習をテーマにした本を2冊同時に書くときがそうです。かりに1冊が語学習得の入門編、もう1冊は英語脳についての本であったとすると、互いにどう関連づけて私が考える英語学習法の全体像を提示するかは、メモリが共有されているほうがかえって書きやすいわけです。

当然のことながら、書く本のテーマにかかわらず、メモリが独立している意識のレベルで本を書けば、その処理は重たいものになりますし、メモリを共有している無意識のレベルの処理は軽いということになります。

私がここで、メモリ空間の共有、非共有、処理の重さ、軽さについて言及したのは、人間が並列処理で仕事をする場合に、それがやりやすいレベル、あるいは得意とするレベルのグレインサイズがあるということを指摘するためです。

その点に進む前に、まずは、これらのことをまとめておきましょう。

ライトウェイトプロセスの並列処理

ふつうの人に、グレインサイズの大きなプロセスのレベルの仕事をいくつか同時に行ってください、といってもまずできません。

グレインサイズの前提として、大きな処理のユニットは並列化がむずかしく、小さな処理のユニットは並列化が簡単、というものがあります。

私が言っているのは、大きなプロセスを同時に行うことは不可能だ、といっているのではなく、それを可能にするためにはそれに適した相当の訓練が必要で、すぐにできることではないということです。

手始めに私たちが取り組むべきことは、コンピュータでいうところのライトウェイトプロセスのレベル、人間でいえば神経束のレベルの並列処理です。

このレベルにおいて、最適なグレインサイズをたくさん持つことができれば、私たちの無意識はそれらを上手に動かし始めます。

無意識が上手に動かすというのは、**意識して考えたわけでもないのに、営業企画の提案書や、明日の朝礼で部下に話すための原稿が頭の中で書き上がっていたり、取引先へのプレゼン内容が事細かにイメージできたりする**ということです。

多くの人は、無意識の力を過小評価しています。無意識の力自体を信じていない人もいるでしょう。先にも述べたように、無意識のうちに素晴らしいアイデアを思いついても、「たまたまのことで、ラッキーだ」と考えてしまうからです。

しかし、**無意識はグレインサイズが最も小さいサイズで、「自覚しにくいだけで存在しないわけではない」**ということと理解してください。

こうした考えは、無意識の働きにブレーキをかけてしまいます。

そこで、私たちはまず、無意識がいつも自然にたくさんの仕事をしていることを素直に受け入れ、その力を信じてやる必要があります。

では、なぜ無意識が勝手に仕事を上手に動かしてくれないのかといえば、知識と情報が最適なグレインサイズになっていないからです。

無意識が勝手に処理するときには、無意識にとってやりやすいグレインサイズがあります。それが与えられれば、無意識はどんどん上手にグレインサイズを動かし、仕事を処理していきます。それが、無意識の特性であり、私たちにできる無意識をコントロールすることなのです。意識しないと何もできないという考えは間違っています。

無意識はときどき目が覚めて働くのではなく、意識がそうであるようにつねに働いているものです。つまり、無意識はいつもスタンバイの状態であり、コンピュータでいえば電源はいつも「ON」なのです。そして、「無意識のうちに仕事ができるなんて、ふつうの人間にできることではない」という考えを取り下げ、「いつもそれが起こるようにする工夫はないだろうか」と考えていくべきでしょう。

さて、**無意識が得意とするのは、ライトウェイトプロセッシングのレベルの仕事**です。このレベルの最適なグレインサイズをたくさん持つことができれば、人は、意識だけで仕事をしている人に比べ、何倍、何十倍もの量の仕事ができるようになります。

それでは次章では、実際に大量の知識のグレインをつくり、コントロールできるようになる方法をご紹介していきます。超並列脳をつくる第一歩です。

無意識の活用の仕方

無意識はいつもスタンバイの状態であり、
コンピュータでいえば
電源はいつも「ON」状態

**意識だけでなく無意識でも
仕事ができれば、いまより何十倍もの
量の仕事ができるようになる！**

第2章

知識の塊としての
グレインサイズを大量に持て！

～天才脳機能学者がずっとつづけている秘密のメソッド～

人間のグレインサイズは知識と行動が1セット

グレインサイズは、タスク処理におけるユニットサイズであると同時に、認識のフレームでもあります。脳の中では同時に処理のフレームですから、私たちは、それを知識と行動がワンセットになったフレームとして、いつも動かしています。

少々抽象的な説明かもしれませんが、私たちが会社でごくふつうに仕事をしているのは、意識の中に、そのための最適化されたグレインサイズを持っており、それを上手に動かしているということです。

次に、無意識が並列処理するときに、必要なことは2つあります。

ひとつ目は、認識のフレームをたくさん持っておくことです。すでに述べたように、そのフレームは最初、意識のレベルでいいのです。

2つ目は、それを空手の三本組み手のようにくり返し訓練し、無意識のレベルに落とし込んで、無意識がそれを上手に動かす状態をつくりだすことです。そのためには、たくさんの三本組み手をふだんから練習しておかなければなりません。

フレームをたくさん持つことの大前提になるのは、知識の量です。

知識がなければ、処理のフレームも認識のフレームもできあがりません。

三菱地所式訓練！ グレインサイズ最適化トレーニング法

私が若いころに入社した三菱地所という会社には、三菱本社の時代から伝統的に行われてきた三菱式のグレインサイズ訓練がありました。もちろん、これはグレインサイズの最適化を意識的に狙った訓練ではありませんでしたが、いまふり返れば、なかなか理にかなった新人教育でした。


その訓練とは、新聞の切り抜きです。

私が配属された財務部門では、全国紙4紙、それに日経新聞と日経産業新聞をとっていました。

新人は毎朝9時15分の始業までに、その6紙すべてに目を通し、会社の財務に関係する記事を切り抜かなくてはなりません。

切った記事は台紙に貼りつけ、自分で関連する情報を調べて台紙に書き添え、それを上司に提出します。上司は、それらに切り抜き漏れがないか、関連情報に不備がないかをチェックし、それを課長、部長という順に上げていきます。最後に切り抜きに目を通した部長は、それぞれの台紙に判を押すのです。

会社で新聞の切り抜きをした経験のある人はわかると思いますが、この単純作業は、最初のうちはなかなかうまくいかないものです。

なぜなら、新人はまず、会社の財務がどのような情報を必要としているのか、その点をわかっていません。そのため、どれが切り抜くべき記事なのか、それを選ぶことができないわけです。

そのうちに財務に必要な情報がわかってくると、今度は逆に、「これも関係ありそうだ」「あれも関係ありそうだ」と思い迷ってしまい、何でもかんでも切り抜かなくてはならない状況に陥ります。

じつは、たくさん切り抜くのは、会社が課したルールから見て「アウト」です。

なぜなら、たくさん切り抜けばいいということが許されるとしたら、それは最初から新聞を全部上司に提出すればいいことになってしまいます。三菱地所が新人に求めたのは、台紙の枚数にして20から30の切り抜き記事でした。

知識のグレインを大量に持つメリット

三菱地所の例は、グレインサイズとは何かを考える上で、少なからず役立つと思います。つまり、第1に、グレインが決まるということは、自分の見える範囲が決まるということです。三菱地所の財務部門でいえば、まず財務部門という部門の仕事の範囲が見えるようになることによって、グレインが決まります。そして、もう少し小さい視点で見たときの、財務が担うひとつひとつの仕事の範囲が見えるようになることによっても、グレインが決まるということです。

第2には、それぞれのグレインがはっきりとした輪郭を持ち、新聞記事の内容がそれに関係する情報だとわかるようになって、はじめてグレインサイズが決まってくるということです。

後者について、もう少し具体的に説明しましょう。

たとえば、三菱重工について書かれた記事の中に、「内部留保率が上がっている」という記述があったとしましょう。その記事を切り抜いて、台紙に貼ります。

ところが、まだ財務のことを十分に理解していないため、新人がそこに現在の三菱地所の内部留保率を書き添えなかったとします。

もちろん、これが営業部門の新人であれば、「三菱重工」は大口テナントとしての関係はあっても「内部留保率」は、直接関係はないでしょう。彼らは彼らで、入居しているテナント企業の人事や業界動向などを切り抜くわけですが、営業部門には営業部門のグレインがありますが、財務部門なら、こうした記事にはことさら注意を振り向けなければならないのです。

こういう場合、切り抜きを受け取った上司は、必ず「なぜ当社の内部留保率の計算が抜けているの？」と新人を叱ります。

上司はみな新聞6紙すべてに目を通していますから、何を切り抜くべきか、そこにどんな関連情報を必要とするかがわかっています。新入社員が切り抜きを持っていくと、すぐに不備を見つけてしまいます。

叱られた新人は、あわててそれを計算して書き入れ、「なぜこれが必要なんだろう？」と考

最高のグレインサイズ訓練法

グレインサイズを高めるためには、

知識のフレームをつくる

知識のフレーム　知識のフレーム　知識のフレーム

レパートリーを増やす！

新聞の切り抜きトレーニングが最適！

- 情報を一つのユニットとして認識できる
- 切り抜くことで記憶に残る
- 書かれている情報がゲシュタルトの中でどのような意味を持つかが明確になる！
- 必要な情報を選り分け、不要な情報を刈り込む

いますぐ実践しよう！

えます。これが三菱式訓練の効果です。

内部留保率の計算ができるということは、内部留保率の概念がわかるということです。そして、財務というグレインサイズの中に、内部留保率という概念をしっかりと詰め込んでいくわけです。

このようにしてグレインの中に過不足のない知識と情報が詰め込まれていったものが、最適なグレインサイズです。

グレインの中に必要な知識と情報が欠けていれば、それは最適なグレインサイズとはいえません。逆に、不要な情報がさも必要な情報であるかのように詰め込まれているグレインも最適なグレインサイズとはいえません。

「ここからここまでがワンユニット」というグレインの中に、たとえば36色の色鉛筆セットのケースを開けたときのように、必要な知識が必要な順番で整理されて入っている状態が望ましいわけです。

最高のグレインサイズ訓練法

現代の若者世代は、インターネットで新聞を読むという人が多いでしょうが、じつは紙の新聞を読んで切り抜きをするというのは、いまだに最高のグレインサイズ訓練になるはずです。

そもそも仕事で新聞を読む一番の目的は、新しい知識を獲得してゲシュタルトをつくることです。ゲシュタルトというのは、ひとまとまりになった認識のことです。

たとえば、アメリカが標榜《ひょうぼう》する新世界秩序についてであれば、父ブッシュ大統領がはじめて「ニュー・ワールド・オーダー」と演説を行ったころのアメリカ社会の状況から、グローバリゼーションや新保守主義を唱えてきた政治経済の指導者とその系譜、さらにはＦＥＭＡ（アメリカ合衆国連邦緊急事態管理庁）などについてのさまざまな知識がひとまとまりになって、私たちははじめて彼らがいう新世界秩序の姿を認識することができます。

そのひとまとまりの知識がゲシュタルトです。

それと同じで、仕事のグレインサイズにおいても、それぞれの知識のフレームをつくることが、まず大切です。それは、仕事についての知識をどのくらいの単位のユニットで持つかということです。

同時に、そのレパートリーをだんだん増やしていくことも大切です。

そのためには、意識的に知識を吸収し、ゲシュタルトをつくっていかなければいけません。

そこで、新聞の切り抜きが有効になります。必要でない記事を刈り込んで新聞を切り抜けば、それは単に記事に目を通したというだけの効果にとどまりません。より強く記憶に残りますし、そこに書かれている情報がゲシュタルトの中でどのような意味を持つかという点も明確になるに違いありません。

ですから、新聞の切り抜きは、年齢がいくつになっても、仕事をしているかぎり毎日つづけていくべきことなのです。

慣れてくると脳内グレインサイズができてくる!

私は、じつは学生時代からいまに至るまで、これをつづけています。

学生時代はディベートの論題にかかわる知識を得るために、国会図書館に日参し、新聞切り抜き室に閉じこもって新聞の切り抜きを手書きで写していました。三菱地所に入社してからの2年間は、会社の方針として毎日やっていましたし、カーネギーメロン大学大学院に進んでからも同様です。

いまではデジタル情報で世界中の新聞を読むようになっていますが、紙と縁がなくなったからといって、切り抜きをしていないということはありません。私は、頭の中でバーチャルな切り抜きを欠かしたことはありませんし、さらに重要なニュースは当然、デスクトップに保存しています。

自分でいうのは何ですが、私の頭の中にはとてつもなく大量のフレームつまり、グレインが入っています。そのため、隣の人と同じ新聞記事を読んでいても、**そのときに同時に発火するゲシュタルトの量が比べものにならないほど多い**と思います。

この点は、新聞記事の切り抜き、つまりグレインサイズ訓練が生む効果をよく物語るポイントですので、もう少し話をつづけましょう。

グレインサイズはスコトーマ（認知の盲点）を強化する？

先に述べたように、私が新人のときは、大量の関連記事から20本から30本を選んで新聞を切り抜くという作業をしました。

この作業では、必要な情報を選り分け、不要な情報を刈り込む訓練としても、とても効果があったと思います。

なぜなら、私たちの周囲には、「必要かもしれない」という情報はかぎりなくあります。それをいちいち「必要だ」と考えると、まさに情報の洪水に溺《おぼ》れてしまいます。結果として、グレインの中に瑣末《さまつ》な情報がたくさん入り込むことになり、グレインサイズはいつまでたっても最適化されません。

新聞の切り抜きをする人に多いのは、「あれも覚えておこう」「この情報もストックしておこう」と考えている人です。

しかし、その考えをつづけていると、いずれ収拾がつかなくなります。大事な情報と不要な情報の区別もつかなくなり、最後は「えいや」で全部捨てざるをえなくなるでしょう。

どうすれば必要な情報を選べるかということは、ひとえにグレインがはっきりと決まっているかという点にかかっています。テーマがはっきりしているポイントと考えてもいいでしょう。

グレインが決まるということは、そこしか見えていないという、スコトーマ（認知の盲点）が強化された状態です。

私は、人間が成長しゴールを達成するためには、スコトーマを外し、過去の延長線上にあるコンフォートゾーンから踏み出すことだといつも言ってきました。

また、本書の姉妹書である『クロックサイクルの速め方』においても、スコトーマを外さないかぎり、新しい知識を獲得することができないと説明しました。

ところが、ことグレインサイズに関しては、この原理は逆に働きます。スコトーマが強化されるから、そのほかの余計な情報が見えなくなり、グレインがはっきりとした輪郭を持つようになるともいえるからです。

スコトーマはコントロールできる！

新聞の切り抜きでいえば、必要な情報を選り分けるのも、不要な情報を刈り込むのも、スコトーマの強化がもたらす結果です。

私のこれまでの著作を読んでくださった読者のみなさんには、スコトーマは悪いものという感覚があるかもしれませんが、そう単純ではありません。

スコトーマはほんらい、自分でコントロールできることがベストです。

たとえば、会社の中には、何か事件が起こって社内が動揺しているにもかかわらず、余計なことにいっさい耳を貸さずに、仕事をせっせと終えて帰ってしまう人がたまにいます。ドライに物事を割り切るタイプの人に多いと思いますが、こういう人は、スコトーマを強化する術を知っている人です。何かに集中するということは、いいかえればスコトーマが強化された状態なのです。

逆に、あれもこれもと余計な話に首を突っ込まずにはいられない人は、スコトーマをコントロロールする術を知りません。そのため、雑音に流されやすくなりますし、いま何をすべきかという優先順位もなかなかつけられません。

新聞の切り抜きで不要な情報を刈り込むことが苦手という人は、後者と同じです。グレインがはっきりと決まっていないために、いつまでも何を切り捨てるべきかがわからないわけです。

本当に必要な情報のみを選り分ける技術は、訓練によって上達するほかありませんが、その作業のたびに、「このグレインの中身は何か」、「このグレインのテーマは何か」を考え、意識的にその思考に磨きをかけていきましょう。

それをつづけていくうちに、グレインが持つ非常にシンプルでコアな骨格が見えてくるはずです。

その骨格が見えれば、本質的な情報と瑣末な情報の選別は、とても簡単にできるようになります。新聞の切り抜きなどの情報の選別作業も、いまよりはるかに短時間ですむようになるでしょう。

また、それによって起こるスコトーマの強化も、心配するには及びません。**スコトーマは、簡単に外すことができるもの**だからです。その簡単な外し方は、「いまの考えは間違っているのではないか」と疑って見ることです。

本は2冊ずつ買いなさい!

また、書籍を活用してグレインをつくることも、とてもいい手です。書籍も同様に、切って台紙に貼るのです。

ご存じだと思いますが、本に書かれた文章というのは、1パラグラフ(段落)にひとつのことが書かれています。

ほんらい読書とは、1パラグラフごとにまとめられている、著者のいわんとしている内容を、順々に読みとっていく作業です。まともな著者はすべてそのように意識して書いていますし、1パラグラフの中に訴えるべきひとつのアイデアを、読者に最大限アピールするための工夫をしています。

そこで、本を読むときは、1パラグラフの中にどのようなアイデアが書かれているのか、まず意識して読むことです。

そして、そのパラグラフに書かれている知識が役に立つと思ったときは、そのページを切り抜くことです。

切り抜いたページはもちろん台紙に貼って、ストックしておきます。そうやって新聞の切り抜きと同様に、関連情報を調べて書き込めばいいわけです。このときもまた、切り取るページと情報を厳選する必要があることはいうまでもありません。

本当にいい知識を学ぶことのできる本に出会ったときは、私はその本を2冊買うことをお勧めします。

これはまた後でふれますが、いい本を本棚に置き、その本のタイトルにいつも接することができるようにしておくと、無意識がグレインサイズを上手に動かすことにたいへん役立ちます。そのために、読み終えた1冊は本棚に置く保存用、もう1冊は切り抜き用で2冊必要になるわけです。

高価な本を切り抜くことに抵抗がある人もいるかもしれませんが、本も道具です。それは知識を獲得するための道具なのですから、その目的意識をはっきり持って、遠慮会釈なくハサミを入れましょう。その意味で、私の著作も、ぜひ2冊購入し、どんどん切り抜いていただきた

書籍を活用したグレインサイズのつくり方

本当にいい知識を
学ぶことのできる本は2冊買う

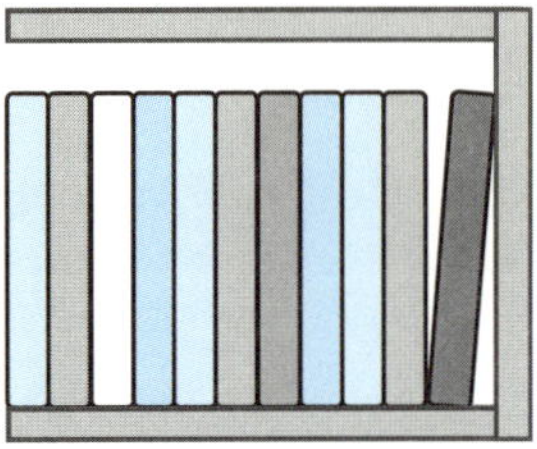

1冊は本棚に置く
タイトルにいつも接し、
無意識で
グレインサイズを動かす

もう一冊は切り抜き用
切り取るパターンと
情報を厳選する

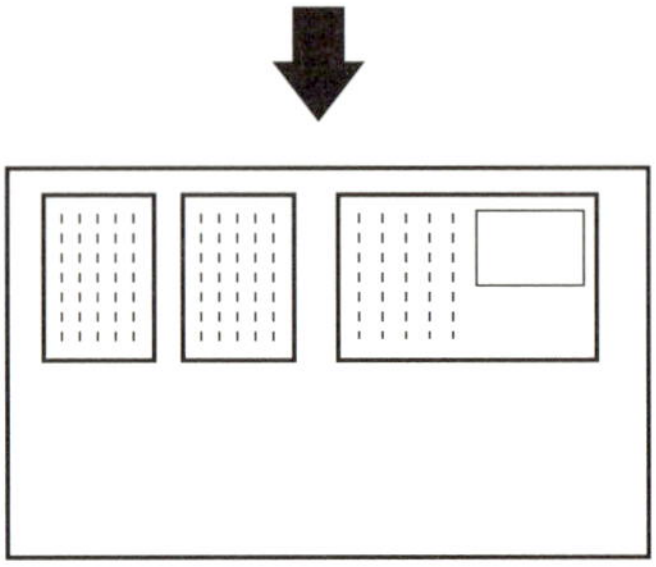

切り抜いたページは
台紙に貼ってストックする

**無意識にグレインサイズを
上手に動かせる**

いものだと思うわけですが。

「日本の論点」の問題点は知識の圧倒的欠如！

私は、日本の言論人でさえ、この知識のグレインは全然足りないと感じています。

日本では、言論人といわれる人々がマスメディアで、もっともらしいことを発言したり、書いたりしています。

どういう人が言論人に当たるのかといえば、たとえば文藝春秋が毎年出している『日本の論点』に寄稿しているような人々でしょう。彼らの肩書は、学者であったり評論家であったりするわけですが、私から見ると、ひとりひとりの知識量は世界のトップレベルの同業者と比べて、圧倒的に不足していると言わざるをえません。

こうした言論人に対して疑問を投げかけたのが、私の近著『日本の盲点』（ヒカルランド刊）です。厳しく言えば、文藝春秋の『日本の論点』をぼろくそに批判した本です。

日本における言論人のつくり方は、じつに安易きわまりないものです。

それはいつも、どこかの出版社から出した1冊の著書が少々おしゃれな本で話題になる、というところから始まります。

すると、どこかの誰かがインタビューにやってきて、雑誌に紹介されます。雑誌社としては、ちょっと話題の著者をインタビューすれば安価に数ページが埋まりますから、もってこいなのです。

そこで紹介された話が面白いと、**「今度はうちで本を出しませんか」**とまた新たな出版社が現れます。そうやって、柳の下の2冊目のドジョウが出るわけです。

すると、今度はすっかり文化人然としたベテラン著者が、その新人に触手を伸ばし、対談本を出版します。文化人然としたベテラン著者というのは、一般に言論人といわれている人です。

彼らは、出す本がすっかり売れなくなっている出涸《でが》らしのベテランですから、新人の勢いにあやかって自分の本を売ろうとつねに狙いをつけています。だからこそ対談本などという内容の薄いものを企画するわけですが、そんな企みも読者は与かり知りません。もちろんこれは、文化人本人ではなく、出版社の編集者がたいていは仕掛けるのですが。

そうやって手を変え、品を変え、本を出し10年もたつころには、その新人もすっかり文化人になっています。

しかし、かつてのように売れる本を書くことができなくなっていますから、その文化人もまた、そのころに勢いよく売り出した新人との対談本を企画します。そうやって、延命を図るわけです。

この文化人製造サイクルの中で生き残った人々が、言論人になっていきます。

彼らは、「長らく生き残ってきたんだから、オレが言っていることは素晴らしいのだ」という意識を持ち、どこへ行っても偉そうな顔をしています。本を書くことができなくなっても、テレビに呼ばれてコメンテータになり、古臭いことを国民が気づかない重要なことを指摘しているといった風情でしゃべっているわけです。

このように、言論活動という日本のビジネスにおいては、そのために膨大な勉強が必要だという認識がありません。いや、読者や視聴者はそう思っているのかもしれませんが、言論人本人はそう考えていないのです。

なぜなら、ものすごく勉強して抽象度の高い話を披露しても、それが直接の身入りに結びつかないからです。それよりも、以前に誰かがいっている内容にちょっとした化粧をほどこして、発表したほうがウケるのです。内容にほんの少し手を加え、ネーミングやキャッチフレーズを変えて売り出されるパッケージ商品と同じことです。

言論人たちは、自分が商品であることを十分に理解していますし、それを生業にするためにはウケなければいけないと考えていますから、大いに勉強して真理を探究しようという気持ちは端からありません。知識を獲得しようとするよりも、投資効率よく商品価値を上げることに腐心しますから、当然ながら、彼らが持つ知識は圧倒的に少ないということになってしまいます。

その結果、彼らが『日本の論点』などでくり広げる言論には、「あんた、ド素人だろう？」と私が激しくツッコミを入れざるをえない内容が実際に多いのです。

なぜ、彼らの知識量が少ないか。それは、認識のフレームの数が圧倒的に少ないからです。

情報はユニットサイズで能力差が生まれる！

知識というものは、量を獲得すればするほど、処理することが難しくなります。このことは、部品点数と製品の性能をイメージするとわかりやすいと思います。

部品点数は、たとえば液晶カラーテレビで数千点、自動車でだいたい2万5000点、ジャンボ旅客機になると600万点にものぼります。

数千点程度の部品で構成されている液晶カラーテレビなら、誰が組み立てても性能に大きな差は出てきません。ところが、自動車クラスの部品点数になると、組み立てるさいの技術によって、完成品の性能に差が生まれるようになります。これが日本のものづくりは優秀という根拠になった、「すり合わせ技術」といわれるものです。

たとえば、優秀なすり合わせ技術を持つ集団が組み立てたクルマは、スペックどおりの高性能を発揮します。

ところが、優秀ではない技術集団が組み立てると、たとえば最高速度300キロとあるのに、250キロしかでないということが起こります。燃費もリッター12キロとあるのに、10キロもいかないということになるわけです。

このように、部品同士を最適に組み合わせる技術がなければ、同じ部品を組み立てていても、スペックどおりの性能は決して生まれません。わかりやすくいえば、最悪の場合は、高速で走ることはできても脱線転覆する可能性もあります。

さて、**自動車やジャンボ旅客機を知識のゲシュタルトに見立ててみましょう。**

膨大な部品、すなわち膨大な知識を最適に組み合わせることができなければ、私たちはその認識のフレームを最適に動かすことができません。

なぜなら、知識があったとしても、それを使って最大限のパフォーマンス、つまり最大限の生産性に結びつけるということができないし、最悪の場合は誤った結論を導き出し、福島第一原発のように大災害を引き起こしてしまいます。

福島第一原発の災害が広がる過程で、政治家や官僚、あるいは電力会社経営者たちのＩＱのない行動に身を凍らせた人は多いと思います。

彼らは、ごくふつうのビジネスマンよりも、たくさんの知識を持っていたはずです。電力会社の経営者にも、原子力工学をよく勉強し、スリーマイル島事故やチェルノブイリ事故のことを念入りにリサーチした人はいたことでしょう。

ところが、彼らはその知識を、まったく活かすことができませんでした。わかっていたけどネグレクトしたということもあるでしょうが、問題の本質は、知識を最適に動かすことができなかったということなのです。

なぜそれが起こるのかといえば、グレインサイズの最適化が行われていなかったからです。最適化されていないから、知識を正しく処理できなくなり、間違った解を導き出していたということです。

しかも、彼らは、原発推進というグレインを決め、それだけは最適化していますから、余計にスコトーマが強化されていました。いかに安全を担保するかという当たり前の議論がまったく目に入っていなかったということです。

日本の言論人は勉強不足！

この事例からわかることは、たくさんの知識を獲得し、それを正しく処理するための決定的な原則です。

それは、たくさんの認識のフレームを持ち、それぞれのグレインサイズを最適化していなければ、人間は正しい解を導くことができないということです。

言論人についても、同じことが言えます。彼らは、本当にちゃちな数の認識のフレームと知識を振りかざして、間違ったことを世の中に広めています。これが、私が日本の言論人を「あまりにも勉強不足」と一喝する最大の理由です。

ついでにいえば、アメリカで言論人と認められている人たちは、そのほとんどがドクター・オブ・フィロソフィーです。

ドクター・オブ・フィロソフィーというのは、日本でいう博士とは概念が違います。どう違うかというと、たとえばコンピュータサイエンスのドクター・オブ・フィロソフィーをとった人は、その翌日から異なる分野、たとえば分子生物学で研究生活をすることができるという意味です。

ドクター・オブ・フィロソフィーは、学問を追究する方法を修得したことに対する、一種の免許皆伝です。

学問の免許皆伝というのは、膨大な数の認識のフレームと最適なグレインサイズを持ち、それを自由に動かす能力を持った人だと認められることです。そのため、あとはもう一度大学院に入学して指導教授につく必要はなく、「分子生物学でも物理学でもどこでも好きなところに行って、博士として自分で学問を追究しなさい」ということになっています。

つまり、**ドクター・オブ・フィロソフィーは全分野における博士であり、日本の博士のように専門博士ではない**のです（いまは日本もアメリカにならって学術博士という呼称を使ってはいますが）。

それがひとつの理由になっているからだと思いますが、アメリカの言論人は、自分が勉強した分野以外においても圧倒的な知識量を持っています。

それに比べ、日本の言論人の知識量はあまりにもお粗末です。最低限の知的訓練さえ受けていない人たちが本を書き、たまたまウケたら文化人になり、それを10年やったら言論人になっていくわけです。

彼らは、認識のフレームの数も少ないし、グレインサイズの最適化という点でも圧倒的に足りないといわざるをえません。

知識のグレインをどうつくるのか？

三菱式のグレインサイズの最適化訓練を最初に紹介しましたが、私たちは同時に、グレインをどうつくるかという視点が必要です。

グレインをどうつくるかという問題は、知識のゲシュタルトをどうつくるかということです。

たとえば、ビジネスマンであれば自分が処理したい分野があります。そこには、自分が携わっている業種、職種、あるいはミクロ経済、マクロ経済、さらには監督官庁までを含めた政治などが入ってきます。

グレインをつくる第一歩は、それらの知識を毎日、がんがん収集していくことです。それをグレインのユニットをつくりながら、意図的にやっていきます。

知識というのは問題意識がないとなかなか獲得することができません。グレインをつくるためには、「なぜ、こんな小さなことが重要なのか」「どうして、こんなことが関連しているのか」と意識することが大切です。

そんなことは当たり前だと思うでしょう。しかし、人間は自分が興味を持つ分野に対しては強い問題意識を持ちますが、そうでない分野に対しては、意外と「なぜ」「どうして」という意識が薄いものです。

たとえば、法律に関心のない人が業界法を学ぶとき、表面的な取り決めを頭に入れるだけで終わりというケースがよくあります。

ところが、こうした態度では、グレインはなかなかつくることができません。なぜこのような取り決めがなされているのか、それは何を、あるいは誰を守るための取り決めなのか、そうすることで業界にどのようなメリットとデメリットが生まれるのかなど、法の精神や法文のひとつひとつに分け入って知識にしていくことが必要です。

そうやって獲得した知識が、いずれ無意識がグレインサイズを上手に動かしていくときに、有効に働いてくれる知識になっていくわけです。

グレインをつくるための最強の方法は、やはり三菱式訓練法で紹介した、新聞などの切り抜きです。

新聞記事というのは、そもそも1ユニットになっています。ひとつの記事の中に書かれていることはひとつであり、あれもこれもごっちゃになった情報ではありません。そこで、自分の仕事に関連し、これは大切だと思った記事を切り抜き、グレインを構成する1ユニットとして自分の知識に加えていきます。

そのときのコツは、切り抜くべき記事を1日20程度に厳選することです。本当に重要な情報かどうかを見極めることに集中してください。最初はあれもこれも関連があって重要だと感じるでしょうが、本質的な情報を見出す力を養うために、瑣末なものは努めて刈り込まなければなりません。本質的な情報が知識として身についていくと、周辺の瑣末な情報も、たいして意識しなくても自然に頭に入ってくるようになるからです。

もちろん、私が三菱地所でやっていたように、**切り抜き記事の関連情報を自分で調べるようにすれば、グレインの数と知識量は飛躍的に増える**と思います。

推理小説におけるグレインサイズトレーニング

そこで、まずここではその方法をもう少し具体的なイメージに落とし込んで説明していくことにします。そうすることによって、グレインサイズに対する理解はより深まるでしょうし、切り抜きと知識獲得の関係もよりはっきりつかめるでしょう。

ついでにいえば、切り抜き作業が持つ楽しさも、わかっていただけるのではないかと思います。

本を例にとりましょう。

著者が1パラグラフごとに1アイデアを提示していることはすでに紹介しましたが、本1冊をとおして展開される内容は、平板ではない構造を持っています。

たとえば、推理小説の場合、たいていは最初の数行で主人公が登場し、同時に主人公のキャラクターを印象づける内容が記述されます。そして、2ページも読み進まないうちに事件が起こります。

そのストーリーの全体を身も蓋もなくいってしまえば、AさんがBさんを殺して、それを主人公が突きとめる、それだけのことです。

あらすじ的にはじつに単純であるにもかかわらず、私たちがそのストーリーに引き込まれるのは、その中に知らない世界の話がたくさん書いてあることもありますが、どういう場合に人間がどう考え、どう行動するかといった、抽象度の高い内容が含まれているからです。

そのため、「えっ？　こういう場合に、人はこんなことをするのか」と驚きながら、私たちは興味深く読み進むことができます。小説家がみな、新しい人間像を描こうとして作品に心血を注ぐのは、それが作家と読者をつなぐ唯一の価値だからでしょう。

さて、このことは、ビジネスマンが仕事のために読む本についても当てはまります。もちろん、たとえば能力開発の本などノンフィクションに新しい人間像が関係しているといいたいのではありません。

著者が本に書いている内容には、先に述べたグレインサイズの３レイヤーのように、抽象度の高いもの（プロセス）、中くらいのもの（ライトウェイトプロセス）、低いもの（スレッド）という３レイヤーの知識が順不同に入っています。

それぞれは１パラグラフに収められ、それぞれのパラグラフが緻密に織り込まれて１冊の本を構成しています。

そして、読者が最初のページから順番に読んでいけば、本１冊分のグレインを理解することができるつくりになっているわけです。

抽象度で分ける３レイヤー読書トレーニング

この３レイヤーを意識して本を読むことは、とても大切です。

たとえば、よくいるタイプは、自分が知らないデータや歴史的な事実ばかりを本の中に探す人でしょう。これは雑学好きに多いタイプで、その読み方が悪いというわけではありません。ただし、本の中にちりばめられている知識はそれだけではありません。著者ならではのデータや事実の捉え方が表れている個所もあります。また、とくだんに変わったことが書かれているわけではないパラグラフの中にも、著者の思考の方法が見事ににじみ出ていることはとてもよくあります。

こうした知識を抽象度の高さで分けると、**データや事実は低い抽象度、著者ならではの物の見方は中くらいの抽象度、著者の思考法は高い抽象度という3つのレイヤーに分ける**ことができます。

そうやって、1パラグラフごとの内容をグレインサイズの抽象度で認識する訓練を行うと、獲得できる知識がはるかに増えることはいうまでもありません。たいていの人は、自分が興味を持っている知識しか読もうとしないため、本当はものすごいことが書いてあるのに、ほとんど読み飛ばして頭に入っていないからです。

さて、1パラグラフごとにこうした3レイヤーのグレインサイズで認識する訓練を行って知識を獲得する訓練を10冊、20冊とやっていくと、自分の頭の中で「Aさんの本、Bさんの本、

Cさんの本……のこの部分とこの部分を同じグレインでくっつけて」というように、著者や本を超えた知識のユニットが形づくられていきます。

これが、ゲシュタルトであり、ゲシュタルトができ上がっていくプロセスです。

そして、こうしたゲシュタルトを大量に持つようにするわけです。

電力自由化から新しいゲシュタルトをつくれ！

大量のゲシュタルトを持ち歩いていれば、誰かと何かの話題で議論をする場合にも、発展的なアイデアが自ずと出てきます。

話題は何でもいいのですが、いまこの原稿を書いているデスクに古賀茂明氏の『日本中枢の崩壊』（講談社）が置いてあるので、たとえば、エネルギー政策の話をするとしましょう。

古賀氏は現役の経済産業省の官僚ですが、彼は国会の参考人招致で民主党政権の天下り容認を批判、当時の仙谷由人官房長官にその場で恫喝された人物です。それがいままた民主党の原子力政策、エネルギー政策を批判するこの本を世に問い、一躍有名人になっています。

福島第一原子力発電所の原子力災害も新たなステージに発展していますから、まさに時の話題です。

古賀茂明氏の本などは、まさに2冊買って、1冊はバラバラに切り抜き、その知識でゲシュタルトをつくるにはうってつけです。

広い床の上でもどこでもいいですから、古賀氏の本をばらばらに切り抜いて、台紙にぺたぺた貼り、それを抽象度のレイヤーごとに、それぞれのグレインに分けていきます。

そのときにでき上がるグレインは、ひとつは電力自由化の問題です。

自由化の方策としては、送電会社と発電会社を分離することがひとつ。また、古賀氏の案にはありませんが、関ヶ原を境に東が50ヘルツ、西が60ヘルツと異なっている交流周波数を統一することがひとつ。さらには、原発、太陽光、風力、地熱などの発電方法の中で、どの方法に政策的インセンティブをつけて有利にするかという問題がひとつです。

もちろん、代替エネルギーとは何か、未来のエネルギーをどう捉えるかという大きなグレインもあります。その下に、先の3つのグレインがぶら下がっている構造です。

さて、こうしたグレインで議論をするとしたら、私の読者なら次のような意見をいうでしょう。

たとえば、発送電分離に対する古賀氏の提案は、持ち株会社化です。まず、東電を東京発電会社と東京送電会社に分けます。そして、その2つをひとつの持ち株会社が所有するというものです。

極めて現実的で、当然やられるべきことでしょう。それでも彼は「とんでもない野郎だ」と叱り飛ばされ、退職勧奨を受けました。背後にはすさまじい利権が隠され、その利権を死守しようとする人たちの執念は、それほど強烈なわけです。

私の読者なら、東電が発送電に分離されたとしても、古賀氏の提案ではその両方を同じ持ち株会社が所有するというわけですから、それで本質的に変わるのかと疑問が湧きます。持ち株会社の経営陣は東電や株主企業などから送られてくるでしょうから、電力支配の構図はあまりかわり映えしないのではと心配になります。

もちろん、発送電分離、持ち株会社化は、突破口にならないということではありません。それは、たしかに電力自由化の扉を開くでしょう。

送電会社が分離独立される意味は、送電会社は東北電力や九州電力などから電力を買っていいということです。もちろん、太陽光発電や風力発電会社などからも買っていいわけです。

持ち株会社による支配力は及ぶものの、子会社の送電会社を分離してその株は違う株主が持ってもいいという道を開くわけです。

それでも、電力利権とのしがらみがない読者だったら、もっとストレートな方策を選ぶでしょう。最初から電力の完全自由化を行い、好きな人が送電会社でも発電会社でも自由に設立できるようにしたらいいと主張する人もいると思います。

この議論を進めているさいに動いているグレインは、いろいろな人の主張がすべてグレインに貼りつけられているものです。そして、それらすべての知識がグレインとして勝手に回転し始めているわけです。

なぜ私の読者にそれが可能なのかといえば、それはごく当たり前だとしかいいようがありません。持ち株会社の話を聞いているときに、過去に私の本で読んだ読者なら、「完全に自由化しちゃったら？」みたいな知識が同時に無意識の中で発火し始めるからです。

もちろん、意識によるフロント・プロセッシングでそうした主張を展開しているときに、50ヘルツと60ヘルツの電源周波数統一についてのグレインも同時に動いているはずです。それを一緒に考えるのは大前提で、そのグレインは必ず並列処理で動いているわけです。

代替エネルギーのグレインも同時に動き出す!

当然のことながら、議論をしている最中には、代替エネルギーのグレインも同時に動き始めています。

たとえば、私の読者なら、風力発電の分野で三菱重工が頑張っているという事実を知っているでしょう。そして、効率のいい代替エネルギーのひとつだと、無意識のうちにグレインが動き始めるでしょう。なぜなら、みなさんはいまここで、その知識を読み、数時間後にはこのページを切り抜き、頭に入れているからです。

三菱重工は、どういうわけか日本の原発では主流ではありません。押しも押されもせぬ世界的重電メーカーであるにもかかわらず、GEは東芝と組み、ウェスティングハウスは日立と組みました。GEもウェスティングハウスも、アメリカ原子力推進政策の国策を担う巨大メーカーです。

そして、三菱重工はといえば、フランスの原子力メーカー、アレバ社と組むことになりました。アレバ社も世界的な原発メーカーですが、GEとウェスティングハウスから袖にされ、しぶしぶ組んだようなところが見受けられます。三菱重工はどうやら、アメリカから爪弾きにされているようです。

ちょっと考えを巡らすと、その理由は意外に単純なことなのかもしれません。

なぜなら、三菱重工という会社は、いうなれば太平洋戦争の大日本帝国軍の工業生産部門でした。戦艦武蔵もゼロ戦も紫電改も戦車も大砲も、みんな三菱重工がつくったわけです。

アメリカが、そんな会社に原子力技術を渡すわけにはいかないと考えるのは、しごく当たり前のことでしょう。三菱重工に原子力技術を見せれば、たちまち日本が核武装して歯向かってくると警戒したのかもしれません。

そのおかげもあって、三菱重工は代替エネルギー技術に活路を見出し、世界トップレベルの風力発電技術を持つに至りました。そして、いまや三菱重工の風力発電は、テキサスやカリフォルニアなどで大成功を収めているわけです。

過去のインプット知識が無意識に動き出す！

三菱重工のカタログには、１基３０００キロワットの風力発電設備が掲載されています。カタログに間に合わなかったからかよくわかりませんが、アメリカで大成功を収めている三菱重工製は、１基５０００キロワットです。

５０００キロワットの発電量でどのくらいの風車が必要か。アメリカの現地をまだ見ていないため正確にはわかりませんが、発電量は面積に比例することから概算すると、羽根の直径はおそらく１２５メートルではないかと思います。

とすると、風車と風車の間に50メートルの間隔をあけるとすれば、一基当たり１５０メートルの土地の長さが必要ということになるわけです。

日本の海岸の総延長は３４００万キロメートルです。それを１５０メートルで割ると、おおよそ23万基の風車を設置できる計算です。

対して、日本の夏の電力ピークに必要な発電量は、１・８億キロワットにすぎません。すると、５０００キロワットの風車を4万基設置するだけで2億キロワットを供給することができ、余裕でピーク電力を上回ります。

風車設置に必要な土地の長さは、日本の海岸の送延長の6分の1に当たります。大雑把にいえば、三陸地方のリアス式海岸に風車を並べるだけで、日本の電力はすべてまかなえます。リアス式海岸は海岸線が入り組んでいるため、地図上の直線距離では海岸総延長の6分の1にはるかに満たない地域に、4万基を設置することができるのです。

もちろん、朝凪夕凪《あさなぎゆうなぎ》で風車が止まったときのことをどう解決するかなど、テクニカルな問題はいろいろあるでしょう。しかし、日本の総電力需要をまかなえるほどの電力生産が、風力発電だけで比較的簡単にできるという驚くべき事実を見逃すことはできません。風力発電設備は、１５０メートルの高さの鉄塔の上にモーターを置くだけのものですから、コスト的にも安価です。

もちろん、代替エネルギーは、風力だけではありません。地熱発電、太陽光発電、潮力発電など、電気を生産する手段はさまざまです。

特に地熱発電は火山国である日本に有望な技術です。ただ、電力会社の合同出資による電力中央研究所から、地熱発電については否定的な見解が出ているようですが。

このように、読者のみなさんが以上のような知識を最適なグレインサイズで持ち歩いていると、無意識のうちにそれらが全部同時に動き出すわけです。

直流グリッドの発想は、コンピュータのPeer to Peer

代替エネルギーのグレインが動き始めると、今度はグリッドのグレインも動き始めます。たとえば太陽光発電は直流です。太陽光発電は家庭のレベルでは重要となっていくでしょう。ですから、グリッドも交流グリッドと直流グリッドを混ぜ合わせることを考えたほうがいいわけです。

いまアメリカでは、直流グリッドをつくり、クルマが発電した電気を停車中に直流グリッドに戻すという案が出されています。クルマは交流電流を発電しますが、それをダイオードとコンデンサーで直流に変換し、それを直流グリッドをとおして電池に貯める方法です。

アメリカでは、直流を交流に戻してからグリッドに入れようと考える人たちと、最初から直流グリッドをつくるべきだという2種類がいますが、これらの方法を採用すると、クルマ1台1台が発電機に変わります。

とにかく膨大な数のクルマが走っていますから、運転して発電した電気をそのまま自然放電させておくのはきわめてもったいない話です。とくにタクシーや長距離トラックは、つねにバッテリーは充電満タンのはずで、それを直流グリッドで戻してやると、そのぶん電力の生産コストは下がります。

こうした次世代グリッドのメリットは、電力を戻した人はお金をもらえるということです。それが電力の自由化であり、グリッドから電気を戻すと、東京送電会社から自分の銀行口座にちゃりんちゃりんとお金が振り込まれるわけです。

そもそも電気自動車では、電力スタンドや駐車場に設置されたグリッドから電気を入れる方法をとります。であるならば、最初から直流グリッドをつくったほうが効率的でしょう。

500万台のパソコンを同時並列で動かす！

じつは、直流グリッドの発想は、コンピュータのPier to Pierの発想と同じです。これは、コンピュータのCPUリソースをいかに最適化するかという問題です。そして、抽象度を上げていくと、今度はグリッドの発想に基づいてPier to Pierについてのグレインが生まれます。それは次のようなものです。

私はかつて、ポストグリッドOSというものを設計しました。マイクロソフトのミレニアムのライバルとして紹介されたこともありますが、敵がたくさんいて潰されてしまいましたが。どういうOSだったかというと、次のようなものです。

当時の日本はすでに、常時ブロードバンド接続されているパソコンが500万台ありました。いまではもっと増えていると思いますが、当時のパソコン総数が4000万台くらいでした。ポストグリッドOSでは、その常時接続されている500万台のパソコンをCPUグリッドによってつないでしまいます。このOSは、CPUパワーとメモリの共有を実現するOSなのです。簡単にいえば、たとえばクラウドはサーバー上のメモリの共有ですが、それをＣＰＵパワーも共有できるようにし、５００万台のパソコン上で巨大なバーチャルＯＳが動くわけです。すると、オフィスや家庭のあまり使われていないパソコンも、使わないときもつねに電源を入れたままの状態にしてもらうだけで、そのＣＰＵパワーとメモリをすべて私のパソコンとして使うことができるようになります。コンピュータで大規模計算をする人たちは私の外にもたくさんいますが、そうした人たちがその５００万台の並列コンピュータを使えるようにするわけです。

もちろん、５００万人のパソコン所有者に対しては、当然、ＣＰＵパワーとメモリの使用料としてお金を払います。そうやって電源を入れたままにしておけば、グリッドにつないでくれた人には、お金がちゃりんちゃりんと入ってくるわけです。それがポストグリッドＯＳを普及させるためのインセンティブでした。

これは、アイドル状態のパソコンのリソースをグリッドに提供する仕組みで、クルマが発電した電力を戻すのと同じことです。

このように抽象度を上げたところで知識を身につけると、クルマとＣＰＵはまったく違う分

無意識を上手に動かすプロセス

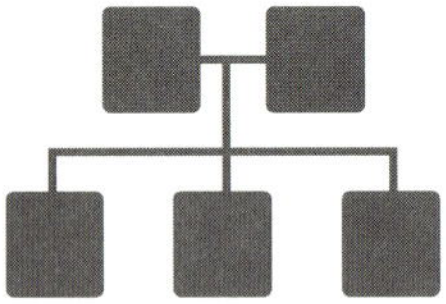

車というグレイン　　**CPUというグレイン**

＝　　＝

巨大なネットワークにリソースを提供する

新しいグレイン

たくさんのグレインを持ち合わせていれば、
それぞれまったく違うグレインでありながら
同じグレインとしてアイデアを共有することができる

これが新しいグレインサイズのつくり方であり、無意識がそれを上手に動かすプロセス！

野でありながら、巨大なネットワークにリソースを提供するという同じグレインの下にぶら下がります。

たくさんのこうしたグレインサイズを持ち歩いていると、東京電力の発送電分離の話をしている頭のバックグラウンドでは、無意識がコンピュータのＣＰＵリソースを活用する新しい仕組みができないかとグレインサイズを動かし始めます。「そうか！」と意識に上ったときには新しい設計図ができている、ということになるわけです。これがグレインサイズのつくり方であり、無意識がそれを上手に動かしていくプロセスということです。

脳が並列処理を行うための意識状態とは？

すでにお話ししたように、無意識はいくつものグレインサイズを並列処理していきます。それは特別なことではなく、無意識に任せておけば、つねにそれらを勝手に動かしていきます。

では、無意識によりうまくそれを並列処理させるための訓練はないのかといえば、ないことはありません。それは、無意識がグレインサイズを上手に並列処理していく脳の状態をつくる訓練です。

これにはいろいろな方法がありますが、代表的なものは、講演を収録したテープを同時に2つ聞く方法です。どちらかいっぽうをフロント・プロセッシング、つまり意識的に聞きながら、もういっぽうのテープも同時に流すわけです。

最初は、意識して聞いている内容しかわからなかったり、もういっぽうのテープの音声が邪魔になり、意識して聞いているほうの内容さえ理解できなかったりするかもしれません。しかし、いきなりは無理ですから、焦る必要はまったくありません。

それを何度かくり返していると、同時に2つの音声の内容を聞きとるための意識の状態ができてきます。いっぽうの話に集中しながらも、もういっぽうの話もなんとなく耳に入ってくる状態です。

私たちはふだんから、このような意識の状態を知らず知らずのうちに身につけています。たとえば、駅のホームで仲間と話し込んでいるときでも、次の電車が特急で駅を通過するとか、架線故障で遅れが出ているとか、無意識でアナウンスを聞いています。あるいは、家族と話をしながらテレビのニュースを聞いているときも同じです。そういうときは、無意識で内容を把握する意識の状態にちゃんとなっているわけです。

ところが、講演を2つ同時に聞くという新しい状況が生まれると、そこに自分のコンフォートゾーンがありませんから、緊張したり意識しすぎたりして最初のうちはうまくいきません。しかし、慣れてくると、そこまでコンフォートゾーンが広がり、そういう状況に対応する意識の状態になってくるものです。

そうやって、その意識の状態がつかめてきたら、その感覚を忘れないようにします。そして、意識して聞いていないほうの話を理解することができたら、その内容を自分の口で声に出して話し、それを自分の耳に入れてやることです。

通常の話し言葉のスピードに慣れたら、次は倍速で録音したものを使って同じことをやってみましょう。そうやって、並列処理のしやすい意識の状態をつくり、無意識をどんどん活性化していくわけです。

また、2冊同時に本を読むことも、並列処理のしやすい意識状態をつくる訓練として有効です。縦書きの本であれば、開いた本を縦に並べ、2冊同時に目に入れてしまいます。最初のうちは上の本のページ、下の本のページと視点を動かしてもかまいませんので、それらを同時に

脳が並列処理を行うためのトレーニング

2冊の本を同時に読む

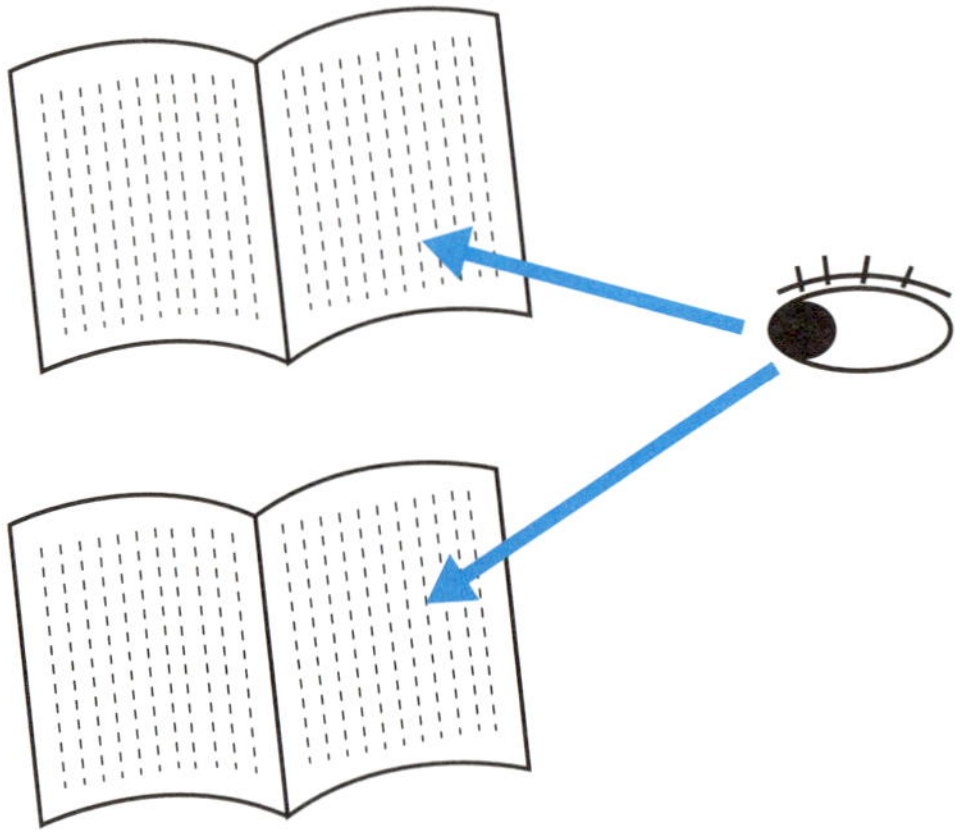

（209ページでトレーニング方法を紹介しています）

2つの内容を読み取りつつ、
それらのグレインを同時に動かし、
どんどん新しいゲシュタルトをつくっていく

無意識にできるようになってくると
並列処理しやすい脳「超並列脳」を
つくることができる！

読み、内容を把握していきます。

もちろん、これは内容や文章を味わうための読書とは異なりますから、どちらかいっぽうに1点集中してはいけません。2つのことを読みとりつつ、それらのグレインを同時に動かす意識の状態を感じる訓練をしてください。

こうした訓練をつづけていくと、並列処理しやすい脳の状態をいつでもつくってやることができるようになります。そして、つねに無意識が同時に4つや5つ、あるいはそれ以上のグレインサイズをスムーズに動かしていくようになるはずです。

第3章

グレインサイズを最適化する

～新しいゲシュタルト・ソリューションを生成する！～

なぜ、多くのビジネスマンは時間をつくれないのか？

グレインサイズを最適に調整することによって、何がいいかというと、仕事が思い切り効率化できることです。個人の生産性も、思い切り上がります。簡単にいえば、ムダがなくなり、自分が好きなことをする時間が圧倒的に増えることになります。

たとえば、ビジネスマンの多くは1日の仕事に9時～5時でたっぷり時間をかけ、それでも仕事が終わらずに残業までしています。へとへとになって帰宅し、わずかな時間でテレビを観たり本を読んだりしているわけですが、そんなことをつづけていれば、新しい取り組みを始める時間はとうていつくれないに違いありません。

ところが、タスクごとに最適化を行えば、1日の仕事を午前中に終えることもごくふつうにできます。最適化とは、最短の時間で、最小のリソースで仕事を処理することだからです。

午前中で仕事を終えるというのは、午後の時間に「さらに仕事を詰め込むようにせよ」といっているのではありません。午後は好きなことをやる時間に充てればいいのです。会社にとっても、時間だけたっぷり使って夜まで残業している人よりも、午前中で仕事が終わる能力のある人のほうがいいに決まっています。

つまり、最適に仕事をすれば、余暇もたっぷりとれるようになるということです。

しかも、仕事などのルーチンタスクを完全に最適化すると、次にやることに対して回せる時間と脳のCPUリソースも思い切り増えます。

ダーウィンは「進化」を語れない！

さらに、このことには次のステップがあります。

私がいつもいっていることですが、**最適化とは退化**を意味しています。

ダーウィンは、ガラパゴスに生息するフィンチのくちばしを観察し、それが進化だといいました。

フィンチはスズメほどの鳥ですが、サボテンの中の虫をつついてとるもの、硬い実をくちばしで割って食べるもの、キツツキのように木を叩いて虫をとりだすもの、動物にとりついて血を吸うものもいます。

そして、生息する島によって多様なくちばしの形をしています。それぞれの島の捕食環境によって、太く短いくちばしを持つもの、細いくちばしを持つものなど、さまざまなくちばしの形をしているわけです。

フィンチは生息環境に応じて最適化されたくちばしを持つわけですが、私にいわせれば、それは進化ではなく退化です。

人間でいえば、尻尾がなくなってきた、毛が髪の毛だけになってきた、というのも退化です。

そういうものがなくなっていくのは、尻尾があっても役に立たないし、背中に髪の毛があってもムダだからという理由です。ムダなものがなくなっていくというのが進化であれば、歩く必要がなくなったら足がなくなり、考える必要がなくなったら脳がなくなるということです。

こんなことを進化といえるはずはありません。

最適化のない進化はない！

つまり、ダーウィンは、ほとんどが退化について語っており、進化についてはあまり言及していません。

その証拠に、**ダーウィンの理論では、なぜサルからヒトが生まれたかを絶対に説明できない**のです。

進化について最近わかってきたことは、一世代でかなり大きな突然変異をするという点です。退化は徐々に起きますが、進化は一足飛びに起こるのです。

それゆえに、ミッシングリンクはなかなか見つけることができません。ことによると、サルからヒトへのミッシングリンクはたった一人だったかもしれず、だとすると永遠にわからないということになるのかもしれません。

進化が急激に一気に起きるものだとすれば、そのさいには、よほどのＣＰＵリソースが必要です。つまり、それは脳の状態です。

また、そのためには退化といえるような十分な最適化が行われ、その上ではじめて進化が起こるわけです。

その前提で、ゲシュタルトについて考えると、次のような道筋を考えることができます。

十分に最適化されたゲシュタルトでなければ、ひとつ上の抽象度のゲシュタルトはつくれません。完全に最適化されているとは、その状態でのゲシュタルトが十分に説明されているということです。このピースはここ、このピースはここ、という具合に十分にわかっているからこそ最適化ができるわけです。

そして、それができてはじめて、ひとつ上の抽象度に上がります。

最適化されていないというのは、たとえばランダムにトラックに積む、ランダムに紙を裁断することであり、ランダムなのです。したがって、最適化されているイコール、ひとつ上の抽象度をつくることができているということになります。つまり、「十分な最適化＝ひとつ上の抽象度に上がる」なのです。

それが、人類を含めた生物にとっての進化のことなのです。

ミトコンドリアは宇宙からきた生命体？

たとえば、生物のリアリティーでいえば、もともと人間は、私たちの真核生物の細胞があったところに、おそらくは別の生命体であるミトコンドリアのＤＮＡが入り込んできたものです。ミトコンドリアは、もしかしたら宇宙からきた生命体であるかもしれません。地球上のすべての生物は酸素を嫌いますが、ミトコンドリアは酸素をエネルギーに換える不思議な生命体だからです。

その点では、白血球もあやしいということができるでしょう。

白血球は、じっさいは骨髄の中で血液細胞が分化したものですが、細胞から分化していく過程で白血球の中からＤＮＡやミトコンドリアなどがなくなって、膜だけになっていきます。結果として白血球もまったく違う生命体のようにふるまいます。

また、白血球の活動をみても、どう考えても違う生物です。危険な細菌などが血液中に入ってくると、白血球は大喜びでそれらを食らいます。「人間は細菌をいっぱい持っている。ラッキー」と喜んで寄生してきた宇宙生物の可能性があることは、否定できないわけです。

白血球は、ミトコンドリアとは異なり、寄生が初期の段階から行われたという仮説をたてることができます。ＤＮＡ情報レベルで寄生に成功し、ミトコンドリアのように細胞の中ではなく、ふつうの細胞から分化する形で共生するようになったという情報的寄生仮説です。

地球外起源か否かは別にして、人間の体は、色々なものが集まって細胞になり、その細胞が集まって器官になり、そして本物の生体器官が構成されて、全体がつくりだされています。

そのプロセスは、まさに抽象度の階段です。細胞、細胞と細胞の集まり、器官、生体器官はそれぞれ完全な最適化であり、ひとつ上の抽象度から眺めると、それぞれがものすごく上手にバランスをとっているといえます。それが、「十分な最適化＝ひとつ上の抽象度に上がる」ということです。

大腸菌は超並列処理をつねに行っている！

人間の体と白血球について、もうひとつ興味深い話を紹介しましょう。

人間の体の中には、たくさんの細菌がいます。それらの細菌は、体温でいうと38・4度で動きが弱まってきます。

たとえば大腸菌です。この体温を超えても活発に活動する大腸菌を持っていたとしたら、その生物は死滅しています。当然、大腸菌も宿主と一緒に死滅しなければならないことになります。38・4度の体温で大腸菌の活動が鈍るから、人間と大腸菌の共生が可能になっているのです。

なぜかといえば、理由はこうです。

たとえば、ヒトの血液中に大腸菌などの細菌が侵入すると、血液中に細菌が一気に増殖します。ほとんどの雑菌は、もともと自分が持っていた細菌です。

その急激な増殖を認識すると、細胞から「ヤバイです」と信号が出て、それが脳に伝わります。すると何が起こるのか。脳の視床下部が「わかった」といって、体温を上げる調整を行います。つまり、視床下部が、あたかも進路変更を命じる巨大艦船の船長のように号令を発し、人間のコンフォートゾーンを変更するのです。

一般には、風邪を引くと細菌やウイルスと闘って熱が出ると思われていますが、これは間違っています。脳が先に、たとえば「体温を38・4度に上げろ」という指令を出すのです。すると、寒気が起こり、体が震えだしますが、これは身体が震えることによって体温の上昇を助けているのです。

さて、白血球との共生のすごいところは、体温が上昇すると白血球が活性化する点です。また、骨髄の中での白血球の生成も活性化します。

逆に、細菌は体温上昇によって、活動が鈍くなります。

元気いっぱいの白血球は、不活発になった細菌をばくばく食いまくります。そのうちに細菌が減ると、視床下部が体温を元に戻す指令を出すわけです。

そうやって人間は、元どおりの体の状態に戻っていきます。

ニミッツ級原子力空母ロナルドレーガンも超並列処理！

雑菌が一気に増殖を始めたことによって、脳が体温を先に決定し、コンフォートゾーンを38・4度に変えるというのは、ものすごい抽象化といわなくてはなりません。

体の中のシステムでいえば、免疫システムをはじめとするいろいろなシステムがすべてかかわり、ひとつひとつは細かいことです。それを、高い抽象度の視床下部では、たとえば体温を2度上げるというような、ものすごく抽象的な指令に置き換えています。

もちろん、脳全体から見れば、視床下部が果たしている役割は高い抽象度のものではありませんが、細胞レベルから見ると、はるかに抽象度が高いわけです。

そうすることによって、身体のダイナミズムが一気に変わり、それによってホメオスタシスが維持され、健康が保たれます。それが、ひとつの生体の抽象度です。

このときの視床下部の指令は、ものすごく大きなグレインサイズです。じっさい起きていることは、**兆の単位ですまされないサイズのスレッドやライトウェイトプロセッシングが行われています。**

なぜ兆の単位ということがわかるのか。それは、じっさいに私が人間の身体を超並列コンピュータでシミュレーションしようとすれば、白血球ひとつにライトウウェイトプロセスを3個くらい、雑菌ひとつにライトウェイトプロセスを4個くらいつけなくてはならないからです。すべての動きをすべてシミュレートしなくてはいけないわけですから、数百兆、数千兆のライトウェイトプロセスで足りるはずがありません。

また、視床下部が行う指令のグレインサイズの大きさは、たとえばニミッツ級原子力空母ロナルドレーガンの艦長が突如現れた敵艦隊を発見し、「面舵《おもかじ》いっぱい」と号令をかける瞬間を想像することによってもわかるでしょう。

艦長の指令が下された瞬間に、ロナルドレーガンではものすごいことが起こります。乗組員は５０００人、搭載された原子炉は2基。原子炉はいずれも97メガワットで、それぞれ福島第一原発の発電機一基分に相当します。まさに発電所を積んでいる感覚です。それもウランの凝縮レベルは、日本の原発の３％（現在の日本では３・４％濃縮）程度とは異なり、原爆レベルの95％を超えています。それくらい高濃度だと、一度燃料を積むと何十年も動きつづけます。こんな原子炉技術を持った米軍からの申し出を「アメリカには原発技術がない」というような言い方をして、お断りした東電幹部の無知にはすさまじいものがあります。

５０００人の乗組員は、ある者たちは空母を操船し、ある者たちは原子炉を制御し、ある者たちは敵艦隊の攻撃能力を分析し、ある者たちは迎撃に備え、ある者たちは一朝開戦となったときの作戦をシミュレートし、ある者たちは……というように、艦長の「面舵いっぱい」を聞いた瞬間にとてつもない数量のライトウェイトプロセッシングが一斉に行われます。

このように「面舵いっぱい」もまた、視床下部による「体温を38・4度に上げろの」指令と同様に、ものすごく抽象度の高いグレインサイズなのです。

さて、視床下部が「2度上げろ」と発熱を決めた瞬間に、身体の中では細菌対白血球の戦いの戦局が一気に変わっていきます。そのために行われる兆単位を超える量のライトウェイトプロセスは、すべて無意識の世界の出来事です。その巨大な無意識の世界が動いていることに、私たちは気づきません。それは「あなたの話に熱中していて、心臓を動かすの忘れていました」という人がいないのと同じことで、すべて無意識による超並列処理なのです。

人間の体は徹底的に最適化されている！

こうした高い抽象度のきわめて大きなグレインサイズを動かすことができるのは、抽象度が下から順番に十分に最適化されているからです。

人間の体は徹底的に最適化されています。

たとえば、ひとつひとつの細胞の中にある核やミトコンドリア、小胞体、リボソーム、ゴルジ体などありとあらゆるものが果たす役割は、ひとつもムダがありません。

もちろん、ＤＮＡのジャンク部分のようにムダに見えるようなものもあります。しかし、じっさいは用途がよくわかっていないだけで、ＤＮＡの鎖が多少切れても大丈夫なように、同じような情報がたくさんくり返されている部分以外にも未知の情報がつまっているのかもしれません。

とすれば、生体はいろいろな意味で、ムダに見えるところまでもがすべて最適化の結果であると捉えるほうが、より正しいはずです。

そして、そこまで行って、はじめて次のステップに行けることになります。細胞から器官になり、器官から生体器官になり、生体器官から身体になり、さらに身体から情報空間の身体になりという具合に抽象度が上がっていきます。

こうしてみると、ひとつ下の抽象度での最適化がされていなければ、抽象度は上がりようがありません。なぜなら、ひとつ上のゲシュタルトは、つねに最適化の結果として生まれているからです。

このように考えると、進化とは何かという問題に、ひとつの答えを与えることができます。

つまり、進化とは、ひとつ上の抽象度のゲシュタルトが生まれることです。環境に応じてく

進化の過程とは？

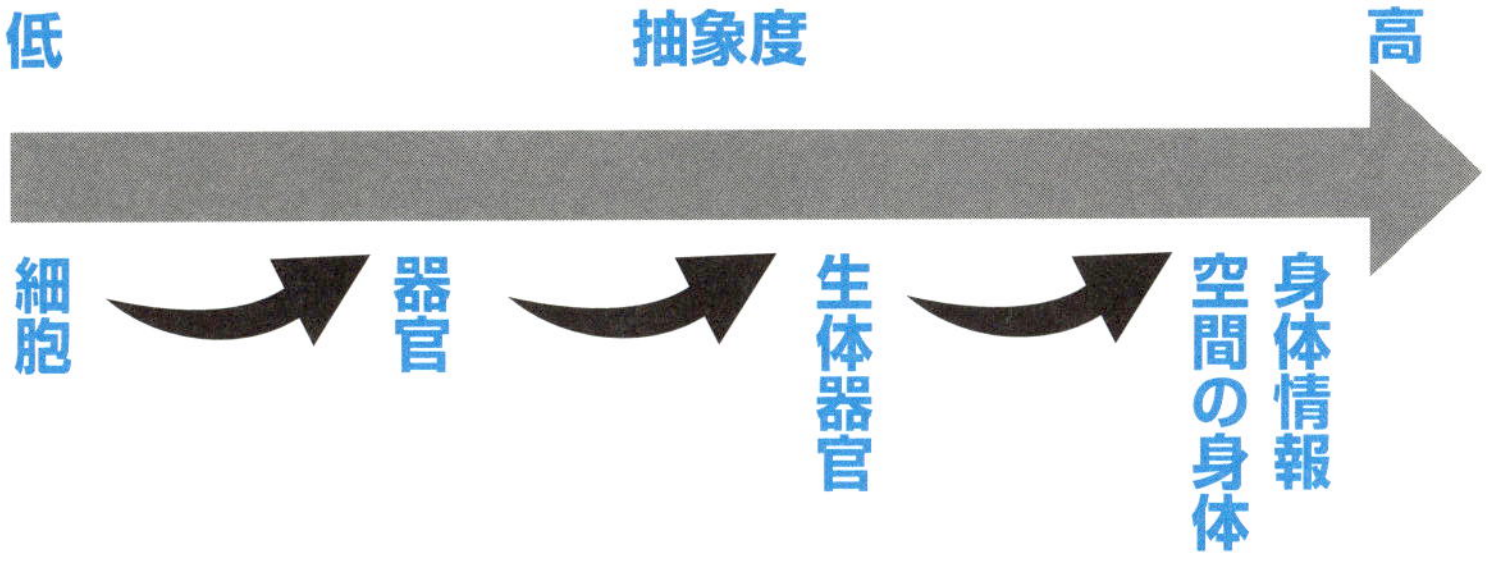

**ひとつ上のゲシュタルトは、
つねに最適の結果として生まれる**

抽象度が下から順番に最適化されるから
抽象度の高い大きなグレインサイズを
動かすことができる

**進化とは、ひとつ上の抽象度の
ゲシュタルトが生まれること**

ちばしの形が変化したというようなことではなく、最適化の結果としてひとつ上の抽象度のゲシュタルトが生まれることが、進化そのものなのです。

グレインサイズ最適化の2つの効果

この本のテーマであるグレインサイズの最適化とは、仕事の効率を思いっ切り高める直接的な効用があるのは当然のことですが、それ以上に、「私たちが進化するために」という大きな意味を持っています。

最適化そのものは、現代の人類の中で仕事のできる人、能力の高い人になるための方法です。しかし、次のステップでは、仕事が早いだけでなく、ほかの人が気づかなかった問題解決を行う能力を身につけることがテーマになります。

つまり、グレインサイズの最適化が上手にできた人は、知的な進化を遂げるということです。これは進化であり、ふつうの人よりも一段上の知的ステージにのぼることですから、それができない人とは非常に大きな差が生じます。

いくら仕事が早く能力が高い一人の仕事であっても、別の３人や４人がそれをやれば代替が効きます。しかし、ひとつ上の抽象度で物事を処理する人の代わりはいません。

たとえば、それはホーキング博士みたいな人です。宇宙物理学者を10人集めたって、彼の代わりに新しいビッグバン理論をつくることはできません。代わりが効かない人は、まさに抽象度をひとつ上に上げることのできた人であり、進化した人なのです。

・グレインサイズの最適化の２つの効果

①代わりが効くものの、圧倒的に生産性の高い人になる。生産性は20倍、30倍に上がる。

②絶対に代わりの効かない人になる。最適化の結果、ひとつ上の抽象度に上がり、進化する。ほかの人が考えつかないことを考えることができる。

あらゆる価値が情報空間に移っている！

今後の人類の進化は、おそらく自分で果たしていくものになると、私は考えています。かつて、私たちは進化をすべて自然界に任せていました。

ダーウィンが生物の環境適応を観察し、進化と退化のいずれをも進化だと考えたのは、そこに理由があったに違いありません。昔の進化は、環境という物理空間の中でのみ考えられていたからです。物理空間だけを対象にしている間は、抽象化という概念が育ちえなかったのです。

ところが、現代は、あらゆる価値が情報空間に移っています。

ご存じのように、情報空間はきわめて抽象化された空間です。

卑近な話をすれば、たとえば女性が結婚相手を求めるときに、金持ちがモテる、あるいはハンサムがモテる、これらはみな情報空間に頭の先からつま先までどっぷりと浸かった基準です。よりよい子孫を残すための価値が、「どこの誰よりも力持ち」だとか、「誰よりも喧嘩が強い」「肉体的強度がある」といった物理空間の基準から離れ、すっかり情報空間へ移ってしまったのです。

進化の空間も情報空間に移行しています。価値が物理空間から情報空間に移ってしまったのですから、それは当然です。

情報空間が物理空間と決定的に違うのは、それを自分で変えることができる点です。情報空間のリアリティーは、物理空間に存在する何かによってではなく、人間の脳がつくりだすものだからです。

たとえば、これは私の近著『現代版 魔女の鉄槌《てっつい》』（フォレスト出版）で明らかにしたことですが、キリスト教のリアリティーは、聖書をつくった人たちがつくりあげました。聖書に書かれていることは、それが正しいか否かは科学的に検証されていませんが、欧米文化の中では、それとは関係なくに聖書がリアリティーを感じさせています。

人類という種は、今後いっそう情報空間を一緒になってつくりあげ、その空間の中で進化をしていきます。もちろん、自分ひとりで進化するのはたいへんかもしれませんが、大天才ならひとりでやってしまうでしょう。

しかも、進化は、すでに述べたように、徐々にではなく一足飛びで起こります。

ニュートンやアインシュタインは、その代表的な存在です。物理に対する人々の認識は、ニュートン以前と以後ではまったく異なってしまいました。アインシュタイン以前と以後もそうです。つまり、ひとりで進化し、世の中の認識を変えることは十分にできるわけです。

もちろん、**ニュートンやアインシュタインもまた、いきなり生まれたわけではなく、それま**

での最適化の結果です。物理の最適化の結果があってニュートンが生まれ、ニュートンがいなければアインシュタインも生まれてこなかったでしょう。

最適化された時点でそれが理解できる人は少数でしょうが、50年程度の時間がたつうちに、みんなすぐに追いついてしまいます。その間に、たくさんの人がニュートンやアインシュタインの世界に臨場感を感じていったからです。

素人ランナーがオリンピック選手に勝てた理由

余談かもしれませんが、ともにコーチングの普及に取り組んでいるルー・タイスから、以前このような話を聞きました。ルーの友人のオーストラリア人マラソンランナーがある大会に参加したときの話です。

オーストラリアでは、1週間くらいかけて行う超長距離マラソン大会があるそうです。走る距離も42・195キロではなく、シドニーからメルボルンの1000キロを走ります。その競技に世界からオリンピック選手級のマラソン選手が参加してきます。

ルーの友人は、牧場の牛追いで走るのは得意ですが、素人です。その彼が、その競技に参加したいといいだしました。過酷な競技ですから、誰もが止めたのですが、「オレは出る」といって聞かなかったわけです。

ところが、ふたを開けてみると、なんと彼は断トツの成績で優勝してしまいました。しかも、ほかのオリンピック選手級の人たちよりも1日半も早くゴールテープを切ったというのです。「ありえない！」と驚いたのは、ルーのほうです。理由を聞いてみると、種も仕掛けもないのですが、とても面白いことがわかりました。

ほかの選手たちが考えるマラソンは、まさに最適化です。何キロを走破するためには1日18時間走り、夜は6時間睡眠をとり、中継点で入手するスポーツ飲料はこれとこれ、食事はこういうものをとり、というふうに、競技に最適な計画を立てて臨んでいました。

ところが、いっぽうの彼は、ごくふつうのアマチュアランナーですから、そんなことは何も気にしません。

最適化という考えのない彼は、なんと夜も眠らずに走りつづけました。競技中に睡眠をとっていいというルールも知らず、じっさいにほかの選手たちが夜ぐっすり寝ていることさえ知らなかったのです。

そのために昼夜を問わず走りつづけ、何とか過労で倒れることなくゴールしてみると、ぶっちぎりの優勝だったわけです。後に優勝インタビューを受けたとき、彼は「夜、眠っていいとは知らなかった」と答えたそうです。

このエピソードが意味するところは、常識が限界をつくる、ということです。身体的にはそれを超える能力を持っているにもかかわらず、常識がブレークスルーを抑えてしまうわけです。

あなたを取り巻く常識の宇宙を打ち破れ！

常識とは何かといえば、リアリティーのことです。リアリティーが、何が正しいかということをつくってしまいます。

その常識に縛られているうちは、どんなに苦労しても先に行けませんが、この常識をブレークスルーできる人は、じつは簡単に先に行ってしまいます。

アインシュタインの相対性理論は、まさにそうです。それ以前に、重力場が曲がるとか、空間がゆがむとか、あるいは光速が一定だなどという常識はなく、彼のアイデアはまさに古い常識を覆すものばかりでした。量子論にしても、波と粒が同じものだなどということは、誰ひとり考えてもみませんでした。

情報空間における進化のためには、決して常識に囚われていてはいけません。自分を取り巻くリアルな常識の宇宙を打ち破ることです。

とはいえ、ふつうの人は何が常識かさえもわかっていないことが往々にしてあります。何が自分を縛っているかさえも見えていないわけです。

そのことをわかるためには、徹底的にグレインサイズを最適化する以外にありません。なぜなら、最適化というのは限界のことだからです。最適化された限界まで行かないと、それを超えられないわけです。

大天才であれば、自分で自分自身を進化させることができます。

たとえそれが私たちに叶わなかったとしても、私たちはわずか50年で先人の世界にリアリティーを持つようになっています。**その意味では、すでに50年スパンで人類が進化する時代に**

入っています。

フォンノイマンによるノイマン型コンピュータが発案されて今年で66年です。コンピュータは現在は携帯電話やｉＰａｄなどで我々の日常となっています。

私たちは、このように自分たちが進化の世紀を生きているという事実に、もっと感受性を研ぎ澄まさなければいけません。

グレインサイズは経験で最適化できる！

それでは、グレインサイズの最適化は実際にどうすればいいのか、紹介していきます。グレインサイズを最適化する方法は、言葉にするととても簡単です。

「経験によって、自分でだんだん最適なグレインサイズをつくっていく」

どういうことかといえば、新しい仕事や新しい経験をしたときに、「ここからここまでが1

ユニット。そして、ここからここまでが1ユニット」というふうに、自分でグレインサイズを意識してつくっていくのです。

もちろん、最初はこれを意識しながら、くり返し行っていきます。

その作業に慣れてくると、そのうちに特別に意識しなくても、新しい仕事や新しい経験をグレインサイズのユニットにしていくことができるようになります。習慣化と同じで、無意識のうちにそれができるようになるわけです。

グレインサイズを最適化しろ！

面白いことに、グレインサイズの最適化に慣れ、より高い抽象度のグレインサイズを身につけるようになれば、無意識はより高い次元の仕事もできるようになっていきます。

たとえば、私が映画の勉強でフィルムの現像をしているときに、私の無意識が大学院の授業で行う証明や反証を勝手に行っていたように。

これが、私がセミナーなどでよく指摘する、グレインサイズをいかに上げるかということです。

こうした訓練は、私が知るかぎり、従来の自己啓発や能力開発ではまったく行われてきませんでした。その分野の指導者に、無意識に対する機能脳科学的な知見がないこともあったと思いますが、つい20年ほど前までは、世の中にグレインサイズという計算機科学の概念さえなかったということも大きな原因だと思います。

くり返しますが、グレインサイズという概念は、人工知能を開発するための研究の中で生まれました。

人工知能の開発においては、コンピュータに人間の思考を学ばせるためのさまざまな方法論が考えだされると同時に、認知科学の飛躍的な発達を促しました。

その結果、**情報処理とは何かという問題を徹底的に突き詰めた計算機科学の原理や捉え方を使うと、逆に人間の意識や無意識、あるいは知能というものを、フロイトやユングの捉え方や考え方を使うよりもより正確に把握できるようになりました。**

そして、グレインサイズという概念が人間の知能についても非常に大きな役割を担っていることに、私たち、当時の人工知能研究者はみなたどりつきました。それ以来、まだ20年もたっていません。

人間の能力を最大化させるグレインサイズの最適化

私たちは、人間の能力向上にその成果をとり入れることを、そろそろ始めるいい時期に差しかかっていると思います。その第一歩が、無意識が上手に動かしやすいグレインサイズの情報と知識を、脳の中にたくさんしまっておき、無意識に並列処理をさせるということなのです。その結果、たとえば、本を読んでいる間に、いつの間にか会計報告が終わってしまった。そんな漫画のようなことも、じっさいに起こります。

じつは人間は、ライトウェイトプロセスに向いている仕事と、フルプロセッシングのプロセスに向いている処理とを、無意識の中でちゃんと使い分けることができます。それを明示的に自分で設計することもできるのです。

したがって、それを無意識の中で使い分け、スケジューリングすることができれば、それこそべらぼうに高い生産性を実現することも不可能なことではありません。とても難しい話のように聞こえるかもしれませんが、これは理屈ではなく、訓練によってできることです。

もちろん、最初から100%を一気にできるわけではありませんが、特別に難しい訓練というわけでもありません。上手な人なら3ヵ月や半年、ふつうの人でも1年から2年でできるようになるでしょう。

イメージとしては、英語が上手になる、という場合に似ていると思います。

英語を完全に自分のものにするためには、不断の努力が必要でしょう。しかし、それはたかだか語学の習得の話にすぎず、一生の努力を捧げるようなものではありません。誰の目にもはっきりとわかる語学の進歩を遂げるために必要な時間は、半年、あるいは1年、相当に長くても2年ではないでしょうか。

グレインサイズの最適化には、並列処理による生産性向上だけでなく、ほかにもたいへん興味深い副次的な効果があります。その点についての解説は後半に譲るとして、さっそく訓練法の紹介へと筆を進めていきたいと思います。

グレインサイズを最適化すれば、新しいブレークスルーが生まれる！

さて、たくさんのグレインをつくり、たくさんの最適化されたグレインサイズを持ち歩くことの効用は、無意識がたくさんの仕事を勝手にしてくれるだけにとどまりません。

その最大の効用は、過去に存在しなかった新しい何かを、無意識が生み出してくれることです。画期的なアイデアや画期的なソリューションを脳が発見するブレークスルーは、つねに無意識が最適なグレインサイズを上手に動かすことによって生み出されてきました。

学者が新しい原理を思いつくときのことを想像してみてください。新しいことを思いつこうとしても、ひらめきは決して落ちてきません。たいていは、別のことに没頭しているか、ぼんやりとふだんの生活をしているときに、画期的なアイデアが降って落ちるわけです。

つまり、こうしたひらめきは無意識の働きです。**ニュートンの万有引力の法則にしても、アインシュタインの相対性原理にしても、あるいはハイゼンベルクの不確定性原理にしても、すべてにそれが当てはまっています。**

たとえば、私がジャストシステム基礎研究所の所長をしていたとき、700坪もある大きなワンフロアをほんの10人で使っていました。そこでローラーブレードをすることもできましたし、一角をシアターにして使うなど、贅沢三昧《ぜいたくざんまい》をさせてもらいました。そして、私はその広大なスペースに開架式の図書館をつくりました。

図書館といっても、本をたくさん収納するための収納庫ではありません。

書棚の列と列の間隔を3メートルも開けてずらりと書棚を並べ、そこに私の英語の蔵書30００冊余りを置きました。これら３０００冊は、すべて読み終えている本です。

なぜ開架式がいいかというと、本の背表紙とタイトルがつねに目に入ってくるからです。その本は、切り抜きをしたわけではありませんが、私の頭の中にはあたかも切り抜きをしたかのように、その知識のゲシュタルトがつくられています。

同様に、書棚に並べられた本は、そこに書かれたひとつひとつの知識に見出しやセクションタイトルといったラベルがつけられ、いくつかのゲシュタルトを構成し、本のタイトルは1グレインのインデックスになっています。

それは、メモリを共有していないくらいのグレインサイズになっていますが、実際には縦横に共有されています。基本的には本という1メモリがあり、その本という1メモリの空間で、それぞれ下位にあるグレインが並列に動いているわけです。

とすると、**開架式の図書館には1冊単位のたくさんのグレインがあると同時に、そこにいる私が本を超えたメモリ空間を共有する巨大なプロセスということができます。**つまり、図書館もまた、私の無意識が勝手に動かすグレインサイズの集合体なのです。

脳が一気に進化する！

学者の日常的な仕事は何かというと、本棚を眺めることです。本棚を眺めていると、それらのグレインが頭の中で勝手に動き始めるからです。そして、今度は本と本を超えて、勝手にグレインサイズが生まれてきます。

最初は関連のある本と本のグレインで新しいゲシュタルトがつくられていきますが、一番大きなレベルだと、まったく関係のない本と本のグレインで新しいゲシュタルトが生まれていきます。それが第一段階です。

ただし、それはあくまで過去の知識の組み合わせですから、それだけで学者の仕事にはなりません。

しかし、人間の脳のすごいところは、そういうことをつづけていると過去に存在しない新しいことを突然に思いつきます。それは何かというと、過去に存在しない新しいゲシュタルトです。

それが生まれて、はじめて学者の仕事になるわけです。

そのひとつの方法論として私が若いころにやっていたのが、開架式の本棚をつくり、すでに読んだ3000冊のグレインがいつも目に入るようにすることだったわけです。

こうした過去に存在しない新しいグレインが生まれるプロセスは、学者にかぎるものではなく、あらゆる人に共通するクリエィティビティのプロセスです。

それはすべて、大きなグレインの中身を一回解体し、別のグレインと結びつけて新しいグレインをつくることをたくさんくり返して、そのうちになぜか過去に存在しないグレインがぽんと生まれる、というプロセスをたどります。そして、それは全部、無意識が超並列的に処理してくれることなのです。

したがって、**クリエィティビティを高めるには、自分で最適なグレインサイズをたくさん用**

意しておかなければなりません。そのためには、自分が持ち歩いているゲシュタルトに意識的に名前をつけること（ラベリングすること）、および開架式の本棚に本を並べることなどの方法が有効になるはずです。

学習効果はすべてにおいてそうですが、S字曲線を描きます。そのため、効果がはっきりと現れるまでの間、しばらくは待たなければなりません。

たくさんの最適なグレインサイズを持ったグレインを持ち歩けるようになれば、そのうちにIQがどんどん上がり、アイデアがひらめく、というような状態が訪れてきます。そして、それを超えると、周りの人が馬鹿に見えてしょうがないというような状態になっていくでしょう。

グレインサイズ訓練がもたらす効用が想像以上に大きいことに、読者のみなさんもいずれ気がつくに違いありません。

スーパーコンピュータを100億年回しつづけてもできない計算量とは?

グレインサイズをしっかり調整していくというのは、じつは仕事の最適化でもあります。これまでに述べたように、グレインサイズは知識を最適化して持つということですが、それは自分の仕事の最適化問題と捉えることができます。

まずは、最適化問題とは何かという点を考えてみましょう。

計算機科学では、計算量の複雑性という概念が使われます。これは、ある計算をするために必要な計算時間と計算スペースのことです。

ふつうの人は、計算というとても簡単に捉えるに違いありません。ところが、科学技術に携わっている人の認識はずいぶん違うでしょう。なぜなら、彼らは、ある程度以上の計算量になると「スーパーコンピュータを100億年回しつづけても決まりません」という世界があることを知っているからです。そういう問題は、とてもたくさんあります。

そのひとつが、3彩色問題です。与えられた地図を3色で塗り分けることができるかを決定せよ、という問題です。隣り合う土地を同じ色で塗ってはいけません。これは、NP完全問題（非決定性多項式完全問題）と定義され、多項式時間では解くことができない問題となります。

同様に、巡回セールスマン問題というのがあります。これは、2都市間の移動コストが決められる都市の集合を、最低コストで回る巡回路を決める問題です。これはNP困難という、NP完全より同等以上に複雑性の高い問題になります。

NP完全やNP困難な問題は、総当たり戦ではスーパーコンピュータを100億年くらい回しても止まらないので、近似解をアルゴリズムで求めます。

日常にある計算量の複雑性

私の会社のクライアントのひとつに製紙会社があり、あるとき、紙をどう裁断したらいいかという相談を受けました。

紙というと、私たちはすでに裁断しているものばかり使っているわけですが、もともとはトイレットペーパーのようにロールになっています。そのロールの直径は2メートルから3メートル、幅も同じくらいあります。それを裁断してA判、B判の紙をつくり、さらにそれを裁断してA3やA4、あるいはB3やB4など、私たちが見慣れている紙にしていくわけです。ひとつのロールから必要な大きさの紙を切り出すと、余りをもう一度ロールに捲き直し、そうやってまた新しく必要な大きさの紙を切り出していきます。

また、ロールを裁断し終わったときには、規定のサイズをとることのできない無駄紙が残ります。

そこで、ロールの捲き直し回数を最小に、同時に最後に残るムダ紙を最小化するにはどうするかということが、製紙会社が抱えつづけてきた問題だったわけです。その最適化の問題に答えを見つける計算は、ナップサック問題と言われ、NP困難な問題ですので、スーパーコンピュータを100億年くらい回しつづけてもできない計算量に匹敵します。

製紙会社がこれまでそれをどう解決してきたかというと、人間の勘によってです。

そのクライアントの場合は、それができる人はある工場長さん1人のみです。彼が国内の工場すべての翌日の裁断計画をつくり、ファックスで指示を出していたのですが、とにかく裁断計画をつくるために、毎日、工場が終わってからも大忙しです。彼がインフルエンザにかかるだけで、おそらく国内工場は大混乱だったことでしょう。

そこで、私のところに相談が寄せられました。「やってみましょう」と、私は引き受けました。最適化問題は、私の会社の得意とするところだからです。

もちろん、これを数学的に厳密な解を求めようとしたら、それこそ無限に近い時間がかかります。しかし、近似解を出すアルゴリズムを使うことで、コンピュータにやらせることはできないことではありません。

そこで、いくつかのアルゴリズムを使って15ロールほどの断裁計画のデモンストレーションを行い、ものの1、2分で答えを出すことに成功したのです。

工場長さんはといえば、私は仕事を奪って怒られるかもしれないと思っていましたが、えらく感激してくれました。ご本人としては、やめたくてやめたくてしようがなかった、ということでしょう。

流通トラック積載率100%にする方法とは？

また、その昔、私がセブンイレブンとプロジェクトを組んだときも、この最適化問題がプロジェクトの発端になりました。

当時、伊藤オーナーの息子さんがシステムの部長に就いており、私は彼と「何かやろうよ」とよく話していました。

そのときに私が考えたのが、セブンイレブンのトラックの積載率の問題です。当時、トラックの積載率は60%に満たないものだったため、それを100%にする方法を提案しようと考えたのです。

配送トラックというのは、そもそも流通倉庫です。商品がトラックの中にある状態を理想的にすれば、まず倉庫代が浮きます。

加えて、トラックは流通センターと店舗の間を行ったり来たりしますから、それを最適化するためには、新しい事業モデルを考えなくてはいけません。その方法として、ネットショップにおける注文を最寄りのコンビニで受け取れる仕組みを私が発案しました。

その上で、毎日の商品流通をコンピュータ上で最適化すると、トラックの積載率は90%を超えることができます。ただ、これもナップサック問題となりますから、60%を90%近くまであげるのは、じつはたいへんな離散数理的技術であることを当時のセブンイレブンの方たちがどのくらい理解したかはわかりません。

このプロジェクトは後のセブンドリームドットコムになりました。

それなども、まさにビジネスにおける最適化問題でした。

個人の仕事においても、最適化はきわめて大きな問題です。

私たちは、たくさんのタスクを持ち、それぞれに理想的なグレインをはめていきます。脳というスペースの中を、ロール紙やトラックの最適化問題と同じように最適に利用する必要があります。脳の中にムダなアイドルのところは何もない、という状態です。

そして、それを実現する手段が、グレインサイズを最適に調整することです。

第4章

グレインサイズを高めて、ブレークスルーを可能にする方法

～人工知能・グレインサイズ・現代分析哲学～

人工知能とグレインサイズの再考

グレインサイズを完全に理解するために、グレインサイズという概念自体の発祥とも言える人工知能から見ていきましょう。新しい知識のグレインを増やすことになるはずです。

まず、グレインサイズという概念は、すでにふれたように、超並列処理を研究する計算機科学の中で生まれました。

計算機アーキテクチャーは面白いもので、じつは、すべてのコンピュータはチューリングマシンの一本のテープによって再現できます。チューリングマシンというのは、アラン・チューリングが考案した最初のコンピュータの原型で、長い1本のテープをメモリに使い、ライトとリードの処理をするものです。

現在のコンピュータのようにメモリがどんなに大きくなっても、それを順番に並べたら1本のテープと同じです。

また、CPUがいくつも搭載されているノイマン型コンピュータであったとしても、1本のテープでそれを処理できないことはありません。ＣＰＵの中にはレジスターというメモリみたいなものが入っていますが、レジスターもあるメモリの場所にデータを書き込む作業とそこから読み取る作業だけでよく、それは1本のテープに置き換えることができます。

これをチューリングマシン等価といいます。つまり、すべてのコンピュータは、チューリングマシンに還元できるということです。

チューリングマシンは、アラン・チューリングが想定した数学的モデルです。もちろん、そこからオートマトン理論などさまざまな離散数学のモデルが生まれていきますが、その基本はすべてチューリングマシンにあるわけです。

ここで基本というのは、テープのある場所に、書きこむ、読む、上書きする作業があるということです。

もちろん現在のノイマン型は、テープではなくメモリを使っています。頻繁にアクセスする可能性のあるメモリは最寄りに置いておきます。最寄りには2種類あり、ひとつは事実上ＣＰＵにあるレジスター、もうひとつはよく知られているＲＡＭです。

じつはＣＰＵの作業は単純で、あるメモリ番地のデータをとってきて、あるメモリ番地のデータに書き込む、これだけのことをやっています。

人工知能のハードウェアを研究していたとき、私たちはこのようなデータのアーキテクチャーに対していろいろなことを試しました。

主なもののひとつは、データフローコンピューティングといって、データの側がやってくるという考え方。もうひとつは、私が専門にしていた超並列処理の考え方です。

超並列処理では、ＭＩＭＤとＳＩＭＤという2つの超並列処理計算機があります。

ＭＩＭＤはマルチプルインストラクション・マルチプルデータ。

ＳＩＭＤはシングルインストラクション・マルチプルデータ。

当初はＳＩＭＤのやり方が有名でした。

アメリカのシンキングマシンコープという会社がつくった「コネクションマシン」という有名な超並列処理マシンがあり、そのマシンでは数万から数百万ほどのプロセッサが同時に動きます。

簡単にいうと、これはメモリが事実上、完全に分散されているマシンです。それぞれのＣＰＵがレジスターを持っていて、それがバラバラにデータ書き込みと読み込みをするわけです。

次に出てきたのがＭＩＭＤで、これはいまでいうＭＰＵのような処理が、数十から数万の単位でひとつひとつできます。ひとつひとつのＣＰＵは、自分でローカルなメモリを持つと同時に、グローバルなメモリにもアクセスできるというものです。

私はそのころ、ＭＩＭＤアーキテクチャー上で超並列計算をシミュレーションするソフトウェアを構築する仕事をしていたわけです。

物理空間とグレインサイズの再考

さて、ここからが物理空間のグレインサイズの話になるのですが、数万、数百万の汎用超並列計算を同時にやろうとすると、それぞれの計算はバラバラに動きます。すると、計算プログラムがものすごくたいへんになるだけでなく、それをコントロールするＯＳもひどくたいへんなことになってしまいます。

その昔、イエール大学にコネクションマシン２が納入されたとき、大学院生だった私もこれを使わせてもらいました。しかし、これだと流体力学の計算だとか軍用のベクトル計算は早いのですが、汎用の計算はあまりうまくいきません。

そこで発明されたのがＭＩＭＤだったわけですが、こちらのほうでは超並列度が下がっていきます。さらに、メモリ空間をＣＰＵ同士が共有していないと、汎用計算がうまくいきません。いろいろ試行錯誤しているときにすごく成功したのは、ＭＩＭＤアーキテクチャー上にＳＩＭＤ計算をハイブリッドに乗せることでした。仮想的にＣＰＵを非常に大量に持っておくことができ、その状態は脳細胞にも似ているため、人工知能にいいのではないかと考えられたわけです。

それは、仮想的にはＣＰＵひとつひとつが計算機になり、お互いの共有メモリがなくて、単にＣＰＵ同士がコミュニケーションするというモデルです。アーキテクチャー上は共有メモリ型密結合超並列マシンアーキテクチャーを構築しました。事実上のデータフローコンピューティングみたいな形であり、仮想的にはノイマン型とは異なる新型アーキテクチャーでした。

それでも、できることがかぎられるため、汎用計算機にもできることを追求していったところ、結局、落ち着いたのはハードウェアとソフトウェアを分けるということでした。私はこのことをカーネギーメロン大学から京都のＡＴＲ（株式会社国際電気通信基礎研究所）に派遣されて、カーネギーメロン大学との共同プロジェクトとして研究し、人工知能の超並列処理に一定の結論を出したのです。

それは、人工知能に超並列処理をさせるとしても、やはり人間の脳と同じで、どこかでソフトウェアとハードウェアが融合的につながっているということです。もしかしたら、人工知能が成功すると、個々のＣＰＵのバラバラな世界なのにひとつの記憶が抽象空間に浮かびあがってくるのかもしれません。とはいえ、少なくとも当時の計算機プログラミングではそんなことは不可能で、本当にひとつの記憶を持つにはメモリを共有するしかないわけです。

そこで、ハードウェア上のアーキテクチャーはノイマン型の並列処理を使い、それに巨大なメモリを共有させるということを行いました。それが、グレインサイズでいうと一番下のファイバーレベルです。

次のレベルは、簡単にいえばＯＳと同じです。

ふつうのパソコンでＯＳが何をやっているかというと、ひとつのＣＰＵでたくさんのタスクを処理するわけですが、それはワードを動かし、メールを走らせて……という具合に、ＣＰＵが少しずつ順番に処理しています。たくさんのＣＰＵとの間にスレッドとライトウェイトプロセスをかませて、ソフトウェア的にどのプロセスをどれがやるかということを完全に切り離してしまいます。

そして、次がプロセスのグレインサイズのレベルです。

プロセスは人工知能の中でたくさん生成されていきます。しかし、プロセスと一口に言っても、一生懸命働いているプロセスと、ほとんど働いていないプロセスまで幅があります。たとえば、ふつうのパソコンで人間がワードを動かしているとき、ブラウザは何もしなくてもいいかもしれませんし、メールもたまに受信するだけでいいかもしれず、あまり動いていません。

それと同じことで、いま一番忙しいプロセスには複数のスレッドが割り当てられるというふうにすればいいわけです。忙しいプロセスにはスレッドを3つくらい使わせなければいけないかもしれないし、ループがあった場合は1から100までを1個のスレッドで順番にやるよりも、100のスレッドでやったほうが簡単にできます。

そういうプロセスには、一番下のファイバーやスレッドをダイナミックに割り当てることによって、完全に並列化できるわけです。

脳機能と脳の現実とは違う

このように、グレインサイズの概念は、もともと人工知能をつくるときに、人間の脳の処理をいかに計算機にやらせるかということから生まれました。

私が研究していた当初の人工知能は、超並列ＣＰＵを使って実現しようとしていましたが、それがうまくいかなかったため、計算機アーキテクチャーを完全にソフトウェア的に切り離し、ライトウェイトプロセスのような形で自由に共有メモリの中でプロセスを生成できるようにして、グレインサイズが出来上がっていきました。

そして、その処理のグレインサイズが、人間の脳の捉え方にも重要な示唆を与えていくことになります。

それは何かというと、脳の物理レベルの処理のグレインサイズと、脳の中で起きているじっさいのプロセスのグレインサイズは違う、ということです。

これは、たいへんに重要なポイントです。

私のように機能脳科学を学んだ人間は、脳機能と脳の現実とは違う、と最初からわかっていました。なぜなら、脳をいくら調べても、脳の中で起こっていることはわからないからです。

それは当たり前のことで、たとえば私が文章を書いているときに、私の脳のこの部分が発火したということはわかっても、その結果、私が次にどのような言葉を書くかは、誰にもわかりません。ほんらい脳がわかるということは、つねにその脳を持つ人が次に何を書くかをわかってこそ、脳を理解したということなのです。

ところが、人工知能に携わった当初の計算機科学者たちは、それが同じことだと考えてしまいました。もちろん多くの人はその間違いに気がつきましたが、いまだに理解していない人たちもいます。つまり、依然として、いまも脳のハードウェアを解明中なのです。

私は、それは無意味だということをとっくに知っています。

脳は脳で、ハードウェア的に独自の計算機アーキテクチャーを持っています。

それは生物学的進化がもたらしたものですが、その上で起きている情報空間のグレインサイズの処理は、脳の計算機アーキテクチャーとはまったく切り離された情報空間にあるのです。

おそらく、そうすることで、私たちの脳は計算をしているのです。

計算機アーキテクチャー、つまりハードウェアの世界でいろいろな超並列処理をするのはいいことですが、それは情報空間として完全に切り離されたものです。

じっさい、人間の脳にしても、一部が損傷した人でもちゃんと計算ができます。神経細胞は毎日1億個死んでいます。にもかかわらず、神経細胞が役割をちゃんと果たすのは、どれが何をやるかということがその時々にダイナミックに決まるからです。

それは、「こういう仕事はこのへんでやってね」という代替の話であって、その先にあるある程度細かいところは物理空間ではなく抽象空間にあるわけです。

抽象思考が前頭前野の働きであることは間違いありませんが、前頭前野は巨大な神経が集中し、その中のどれがどう働いてと追究しても、どんどん無意味な分析になってきます。そのときに一番発火する部位はだんだんに決まりますから、特定の神経が担当を持っていることはそのとおりです。しかし、ある神経が担当を持っているからといって、その神経だけが働いているわけではないし、ほかのものもいつでもその代わりを務めます。

人工知能も同じで、何千、何万もＣＰＵがあれば、ワードのプロセスをやっているのはいつもだいたいこのへんのOSがスケジュールし、だいたいこのへんのCPUがやっている、と定まってくるでしょう。しかし、いつもやっているCPUがだめになれば、その処理は違うCPUに行くだけの話です。

じっさい、人間も、脳の一部が損傷すると、全然違うところに機能部位が出来上がっている人がいます。だから、それはいつでも違うところに動くことができます。

その中のグレインサイズは、完全に情報空間にあるものです。

脳の中のグレインサイズは、コンピュータとは違いますが、同じように複数のレイヤーがあることは間違いありません。物理的なレベルでとらえるならば、最低でも神経細胞のレイヤーと、神経束のレイヤーと、機能部位のレイヤーです。

おそらく、そのレイヤーが機能部位になったときが、情報空間に入っていくときでしょう。そして、そこから先は、CPUでいうと、ライトウェイトプロセスやスレッドが無限に生成されていくような感じでしょう。

無限に生成されていくということは、その中で機能部位が何をやっているかということは、もはやあまり重要ではなくなります。重要なのは、情報空間の処理の中で何をやっているかということだからです。

とすれば、情報空間は情報空間で、独自のグレインサイズの論理があるということになります。その点は重要で、このことはハードウェアの論理とは切り離して考えなくてはいけません。

人間の知能処理をコンピュータで始めようというときに、処理の世界のグレインサイズを自由にとれるアーキテクチャーは、私が研究したアーキテクチャーがその典型でしょう。ハードウェア上で3レイヤー以上の処理のレイヤーをつくることが必要で、SIMDやMIMDをそのままやろうとしても無理でしょう。

その意味では、人工知能のハードウェアの設計は、とりあえずもうできたといえます。私は、できたと思ったから、その先をやっていないのです。

後は資金の問題で、そこから先に必要なのは、ソフトウェアです。脳の中の、私たちの認知機能がどうなっているかを解明し、それをソフトウェアとして開発するだけです。それが私の機能脳科学者としての仕事であり、もはや脳のハードウェアの仕事にはほとんど興味を持っていません。

フロイトもユングも科学的じゃない！

ところで、人工知能という分野が生まれるまでは、人間の脳と心を誰も科学的に研究してきませんでした。

フロイトやユングがいる、と思うかもしれませんが、これは意識と無意識について語っているだけで、脳とは全然関係がないわけです。しかも、フロイトやユングの系譜の心理学者たちは、記述的にはそれを取り上げていますが、科学的な研究と呼ぶのは難しいでしょう。

じっさい、20世紀に分析哲学によって排中律が排除されるまでは、それをどう研究するかというツールさえなかったということができます。

分析哲学は、論理学から発達した哲学です。

論理学では、真か偽しかないものを排中律といいます。どちらともいえないという真ん中の答えがないため、中を排除すると書くわけです。

それは、たとえば、こうです。

「アリストテレスは人間である。人間は必ず死ぬ。アリストテレスは死ぬ」。

この場合、アリストテレスは、人間か人間ではないかのどちらかしかありません。アリストテレスは半分人間である、といってはいけないわけです。

排中律では、問題の真偽値は1かゼロかのどちらかしかなく、これが論理学の基本になっています。排中律のすごいところは、宇宙のすべてを知っているという大前提にもとづいて、ひとつの命題を導くところです。

たとえば、「雪は白い」という場合は、この世に白い雪しかあってはいけません。

ところが、雪は白いということを証明するのは、とてもたいへんなことなのです。現在、過去、未来の世界中のすべての雪を見て、ひとつでも黒い雪があったら、もう命題は正しくないわけです。

すべての犬は4本足である、という場合も同様です。犬の定義に4本足というのを入れてしまったら、足を1本失った犬は犬ではないということになります。クルマに轢《ひ》かれて足がとれてしまった犬は、瀕死であるにもかかわらず、定義上は犬猫病院に行ってはいけないわけです。

そんな話はおかしいと、誰もが思うはずです。

たしかに論理学はおかしいのです。ところが、おかしいと認めるようになったのは、１９８０年代になってからのことです。

論理学はもともと神学から生まれた、神様の学問です。

真実を追求する学問であり、そこで下された真は宇宙すべてで真であり、偽は宇宙すべてで偽です。

なぜ、こんな考えになるのかといえば、全能の神は宇宙のすべてを知っているということを前提にしているからです。

現代分析哲学

それがおかしいと思うようになったのは、80年代に、コンピュータに人間の知識を走らせようとしたことが始まりです。

最初はエキスパートシステムといって、AならばB、BならばCという推論ルールを入れました。

ところが、だんだんコンピュータの推論がおかしくなるので、「中間はないの？」と考えるようになり、中間を入れるようになったわけです。

ところが、中間を入れてしまうと、今度は論理学が成り立ちません。そこで誕生したのが、非単調論理です。それまでの論理学は、単調論理でした。

非単調論理では、ひとつの論理に複数の可能性があるとされます。

その非単調論理のモデルはたくさんありますが、中でも一番成功したのは様相論理学といわれるものでした。これは可能宇宙論であり、宇宙の可能性世界を無限にとっておき、「ある可能性世界（可能世界）ではこうだけど、ある可能性世界ではこうですよ」と考えるわけです。有名な人では、『名指しと必然性』を書いたクリプキがいます。

その分野をまとめて、現代分析哲学と呼びます。成功した人にムーアやヒンティカがいますが、彼らの学問は排中律を排除することから始まりました。

しかも、排中律の排除は、哲学者が始めたのではなく、成功したムーアにしてもヒンティカにしても、みんな数学者か計算機科学者で、人工知能の研究をしていました。

人間は無知なのに理解できる！

たとえば、船がなぜ浮くかという理由は、人間にとっては当たり前かもしれませんが、コンピュータに正しく説明するのは難しいのです。

それなら、コンピュータに物理学の流体力学を教えればいいと思うかもしれませんが、そうはいきません。あまりに多くの計算が船は浮くという単純な命題の処理に必要となります。

ところが、人間は何人の人が、浮いている船を見て船が浮く理由を説明できるでしょうか。単に、排除している水の体積が船よりも重いからですが、ふつうの人はそのカラクリを意外なほど説明できません。

たいていの人は「軽いからでしょ」の一言です。そこへ、「軽いから浮くなら、船が横倒しになったらなぜ沈むの？」と突っ込まれると、おそらく説明に窮するはずです。

それでも、人間はふつう「軽いから」で通じます。その知識で船長もできるし、サーフボードを楽しむこともできます。サーフボードがなぜ沈まないのか、その物理説明を正確にできる人はほとんどいないにもかかわらずです。これは、変な話といわなくてはなりません。ということは、人間は無知なのに、理解できるということです。

コンピュータは、無知だと理解できません。しかも、コンピュータに流体力学をみっちり教えても、「船やサーフボードが沈まない？　本当ですか？　ちゃんと計測しましたか？」になってしまいます。

そこで、当時の論理学者は、コンピュータへの教え方を考え直しました。それは、「水の上に置いてある」と教えなさい、というところから始めることにしたのです。じっさいに、子どもはそういうふうに見ているからでしょう。水の上に置くと、船の底がちょっとだけ水に入る、というように。

コンピュータとの会話は疲れる

そういう論理を、昔はナイーブフィジクスと呼びました。そして、ナイーブフィジクスで使うような推論を定性推論といいました。形式的に物理学的なものではなく、なんとなくこんな感じ、という推論です。

定性推論は、おわかりだと思いますが、非単調論理です。

様相論理も非単調論理です。

たとえば、可能宇宙論のパラレルワールドを想定すれば、「リチャード・ニクソンが失脚しなかったときに……」という話をすることができます。

排中律を排除することができないと、コンピュータには「失脚していない人は、リチャード・ニクソンとは言いません」といわれてしまいます。「いいから、しなかったときの話をしているんだよ」といっても、「それはリチャード・ニクソンではありません」と重ねていわれてしまいます。これが排中律のすごいところで、コンピュータとの会話はものすごく疲れるのです。

コンピュータとの会話が疲れるのは、船が浮く件でも同じです。船が水の上に置いてあると教えないと、「船は水に浮きません」をくり返します。

ちゃんと船は浮くものと教え、物理学の式を入れてあげないと、コンピュータはそれが浮いているかどうか決めることができないからですが、いっぽうで船は浮くものと教えてしまうと、今度は一隻でも沈んだら船という定義から外れてしまうわけです。

そこで発明されたのが、可能性の宇宙をたくさん設けておいて、この宇宙ではリチャード・ニクソンが失脚していない、こっちの宇宙ではリチャード・ニクソンが失脚していると、あらかじめくくっておくことでした。

超並列計算機でしかできない

こうした困りものはすべて、人工知能と私たちが対話したときから始まりました。アリストテレスの論理学は、そういう変わった論理学だったわけで、それがつい1980年代まで当たり前だったのです。

そこで、コンピュータに論理を教えようとして「何かおかしなことを教えているな」と気づき始め、出来上がったのが可能世界論です。

そのころは、知識とは何かという物の見方がすべて変わった時期です。不完全性定理や不確定性原理も広まって、学問分野全般でそれまでの常識が覆されました。

そこで明らかにわかったことが、物理空間の脳にグレインサイズのアーキテクチャーがないと、情報空間で必要な自由自在に生み出されるグレインサイズを処理することが不可能だということです。計算機アーキテクチャーのひとつの答えが出たのです。

とすれば、脳もほぼ間違いなくそういう計算機アーキテクチャーを持っているということです。それは、階層性を持っていて、自由自在に好きな空間のメモリサイズを決めることができて、共有したり、共有しなかったりすることができ、その中でいくらでも小さいプロセスを生み出せるし、いくらでも巨大なプロセスを生み出せる。ただし、これが私の研究でしたが、これを計算機アーキテクチャーでやるとすれば、密結合共有メモリ型のＭＩＭＤマシンというＭＩＭＤの超並列計算機上のシミュレーションでしかできないことがわかったわけです。

ということは、人間の脳も、共有メモリ型ＭＩＭＤマシンなのです。それ以外にアーキテクチャーはありえませんが、それを生物学的な計算機でやっていることを考えると、そのハードウェアとしての再現は生物学の研究となり、私の興味からずれ始めました。それで、私の興味はもはや物理的な脳にはなく、人間の認知をどうやって再現するかに移行したのです。

オーケストラが動かす大小のグレインサイズ

そこで、もう一度、グレインサイズの話に戻ります。今度は、情報空間のグレインサイズです。

情報空間のグレインサイズもいくつかのグレインサイズがあります。

ひとつは、ある程度大き目のタスクであり、まったくその他と関係なくスケジューリングしなくてはいけない独立したタスクです。

次に、その大きなグレインサイズの中でさらに動いているいくつかのグレインサイズがあります。それは横のグレインサイズと協調し、メモリを共有しながら動いています。

加えて、もっと小さいところでは、さらに細かいタスクにわけながらやることもあります。

それはオーケストラが奏でる曲というものに置き換えると、わかりやすいと思います。

曲には、プロローグから始まり、テーマ、テーマの展開、エンディングという具合に、ざっとした起承転結があります。和音は同時に弾き、メロディーは順番に弾くなどのルールもあります。

また、たとえばオーボエのソロが入るときはその他の管楽器は休んでくださいなど、パートごとに演奏のルールもあります。全員がひとつの大きな枠組みを共有しているわけです。

これが、情報空間の中で起きていることです。

つまり、ひとりひとりの演奏家の指一本一本が、小さなライトウェイトプロセスとなってメロディーや和音をつくります。それは、演奏家個人の中の細かいローカルなルールのもとで行われます。

さらに、楽器同士が集まってひとつのコードとハーモニーを生み、そこに時間の概念が組み込まれて、全体でひとつの曲になっていきます。

この場合、一番大きなグレインサイズは曲です。その下にオーケストラの演奏ルールがあり、さらにその下に演奏家個人のローカルなルールがあり、それもまた、それぞれひとつのグレインサイズになっているわけです。

そして、そのときの演奏家の意識は、オーケストラの一曲を追っていながら、無意識は指を動かし、メロディーや和音を追い、演奏に時間の概念を適用しています。

このように考えていくと、物理空間のグレインサイズではなく、情報空間のグレインサイズが、圧倒的に重要であることがわかります。私が、情報空間のグレインサイズの最適化が人間の進化につながる大問題だと捉えているのは、以上のような理由からです。

第5章

情報空間のグレインサイズで予測力がつく！
相手を自在にコントロールできる！

～フレームで動かす秘伝テクニック～

フレームで他人の行動を予想できる！　動かせる！

情報空間のグレインサイズには、自分の能力向上とはまったく別の、もうひとつの働きがあります。じつは、グレインサイズをたくさん持っておくと、いろいろなことを予想したり、人間がどう動くかを予測したり、あるいは相手を自分の思い通りに動かしたりすることができます。

すでに少しふれましたが、グレインサイズは処理のユニットであると同時に、認識のフレームでもあります。ここで取り上げるのは、この後者の認識のフレームです。人間は認識のフレームが決まると、そのことによってスコトーマを強め、そのフレームのとおり動くという性質を持っています。

まず、フレームについて説明しましょう。

私たちは、何ごともフレームで認識をしています。かつての私のイエールでの指導教授、ロジャー・シャンクの理論では、これを「スクリプト」というのですが、彼のライバルだったＭＩＴのミンスキー教授の理論では「フレーム」と呼んでいます。

たとえば、レストランというフレームがひとつあると、レストランというものが認識されます。これがミンスキー教授のフレームで、そこに時間の概念を入れたものが、シャンク教授のスクリプトです。

レストランに時間の概念を入れて認識すると次のようになります。

レストランに入ったら、オーダーして、イートして、ペイする。

ただし、これがファストフードレストランだと、お店に入ったら、オーダーして、ペイして、イートする、という具合に順番が少し異なります。

人間の認知の場合、「ここはレストランだな」と思ってレストランフレームが動き出してしまうと、スコトーマが強化され、その人には見えなくなるものが生じます。

とはいえ、私たちはフレームで認識しますから、レストランフレームが動き出さないと、本当にレストランに入ったときに、そこでスムーズにオーダーするということがわかりません。

誤ったフレームが動き出した場合は、たとえばレストランなのにギャラリーだと思い込むという場合がその典型です。のんびり店内の絵を眺めていると、「お客様、ご注文はいかがいたしましょうか」とウェイトレスが声をかけてきて慌てた経験が誰しも一度はあることでしょう。

ミンスキー教授の「フレーム理論」とは？

人間が物事を予測したり、
相手を思い通り動かすことができるのは
「**フレーム**」があるから

《レストランにおけるフレーム》

❶注文（order）

❷食べる（eat）

❸支払う（pay）

**脳がフレームを認識していることで、
無意識にスムーズな動き、
反応ができる！**

これは、誤ったギャラリーフレームが動き始めたために、そこにちゃんとウェイトレスがいて、メニューがあって、ペイする場所があることに気がつかないわけです。ふつうなら正しいフレームが起動され、そのおかげで目に入るわけですが、誤ったフレームが起動されたために、目に入らなくなってしまいます。

犬はワンと鳴くか？

こうしたフレーム問題がなぜとり上げられるようになったかといえば、人工知能に知識をどう教えるかという研究が盛んになったからです。

これは、先に述べた排中律がその典型です。

コンピュータに、犬はワンと鳴くと教えると、ワンと鳴かない犬が一匹でもいたら、それは犬ではなくなります。というより犬という知識が誤りとなります。犬は4本足であるという場合と同じように、全世界の犬を見せて、一匹もワンと鳴かない犬がいないことを証明しないかぎり、犬はワンと鳴くと教えられないわけです。

とすると、宇宙のすべてを知らないかぎり、コンピュータに知識を教えることができないということになります。それでは何も進まないということで、排中律を排除する非単調論理が生まれました。

非単調論理を簡単にいうと、「犬はワンと鳴く。そのとおり。でも、たまにワンと鳴かない犬もいるけどね」ということです。

そして、これをどうやって教えるかといえば、それがフレームなのです。

コンピュータに教えるときには、最後に数式にできなければなりません。とすれば、形式論理でなければならず、その枠組みの中で出てきたのが、知識をユニットとして捉えるフレームという考え方です。

これによって、排中律の問題は解決しました。

ところが、コンピュータに知識を教えることはできるようになりましたが、じつは、コンピュータがいまどのフレームにいるかを知ることは、いまだに解決されていません。

先に人間がフレームを入れておき、そのフレームの中で認識させることはできますが、コンピュータそのものがいまどこのフレームにいるかを知るのは、たいへんに難しいことなのです。

いっぽうの人間は、コンピュータと違って、自分自身がどこのフレームにいるか、簡単に知ることができます。それが人間のゲシュタルト能力です。また、人間はフレームの通りに動きますから、次の動きも予想がつきます。

「あなたの血液型はB型ね！」

そういう視点で世間を眺めると、人間そのものをフレーム分析するなじみ深い方法が、身の周りにたくさんあります。

たとえば、日本では血液型です。日本で血液型診断が流行った理由は、日本人は血液型がまんべんなく分かれているからです。

「あなたの血液型はB型ね！」

というような、血液型予想は、日本中の至る所で行われています。

アメリカやヨーロッパでは血液型が偏っていますから、血液型診断はまるで話題にのぼりません。代わりに、エニアグラムに代表される生活分類型タイプの診断が流行ったわけです。

日本で血液型が流行ったのも、欧米でエニアグラムが流行ったのも、それは人間を分類できるからです。

人間はフレーム通りに行動する！

興味深い点は、じつは分類する方法はなんでもいいのです。血液型診断はおそらく嘘だし、欧米のエニアグラムもたいした根拠はありません。それでも血液型診断を信じる日本人、エニアグラムを信じる欧米人はたくさんいます。なぜかといえば、相手を分析するためのグレインサイズがちょうどうまい具合に決められている点が、それを使う人にとって好都合なのです。

エニアグラムでは9つの性格分類があり、それぞれにサブタイプA、Bがあり、さらにその下位の分類があります。つまり、大きなグレインサイズと、中くらいのグレインサイズ、さらに小さなグレインサイズの3レイヤーくらいに分かれているわけです。

また、血液型にもサブタイプがあり、やはり3レイヤーくらいに分かれています。

そうやって、10とか20とかのタイプ別分類をしておくと、その記憶を維持しておくことができます。

たとえば、ビジネスならば、あの人はエニアグラムのタイプ1のサブタイプの何だという具合に覚えておけば、その分類から相手の動きを予想することができます。その分類の行動は類型パターンとして覚えられているものであって、エニアグラムの性格分析がじっさいに当たっているかどうかとは別問題なのです。

それが、フレームです。

そして、じっさいに人間は、そのフレームどおりに動いてしまうわけです。

ミルトン・エリクソンのフレームテクニック

このようにフレームを捉えると、相手の動きが予想できるだけでなく、相手に仕掛けることも可能になります。たとえば、私が苫米地ワークスのクラスで教えている技を、ひとつだけ紹介しましょう。

いま私のもとに、取引先のAさんがやってきたとします。「今日はお話だけ伺いに来たのですが」とAさんはちょっと身構えています。

そこで、私は「よろしくたのむ」とAさんに右手を差し出し、握手を求めます。

Aさんも咄嗟《とっさ》に右手を差し出してきますが、私は、彼の掌の真ん中あたりにほんのかすかに指先を触れるだけで、すぐにゆっくりと手を降ろしてしまいます。

こういう場合に、何が起こるかというと、Aさんは差し出した右手を降ろすことができなくなります。差し出したまま、手を空中に止めているのです。

その理由は、Aさんの頭の中で握手フレームが動き出してしまったからです。フレームが一度動き出すと、人間はそのフレームを簡単に切り替えることができません。

このとき、指がAさんの掌にまったくふれないうちに、私が差し出した右手を降ろせば、Aさんもすぐに手を引っ込めます。それは握手フレームが終了するからです。

ところが、私の指がほんのかすかに相手の掌にふれたために、Aさんの脳は握手フレームを止めることができなくなり、手を差し出したまま待っているのです。

これはミルトン・エリクソンのエリクソン派の人たちの中で、実際に使われている技術です。じつはそのときが、相手の内部表現を書き変える絶好の瞬間なのです。

私がそのときに、ぼそぼそっと「今日、契約しようね」といって、ふたたび手を差し出して握手をしたとします。すると、Aさんは何を言われたか意識することもなく、その日のうちに「やっぱり契約しましょう」と、私に申し出てくるでしょう。それも、向こうからお願いしてくるほど積極的に。

フレーム選択による内部表現の書き換え技術のカラクリ

これは、どういうことかというと、相手にひとつフレームを選ばせることによって、その行動に相手の無意識がコミットするというカラクリを使ったものです。

この場合は、「契約する」というフレームを、私が相手に選ばせたということです。

フレームというのは、ひとつの最適化されたユニットです。

握手というフレームも、長い間に、人間の習慣として確立し、ひとつの最適なシステムとして形づくられています。

そのフレームを動かされた瞬間に、何かをいわれると、それを意識するしないにかかわらず、内容にリアリティーが生まれます。そのリアリティーが「契約しましょう」という行動に結びついていくわけです。

また、相手の手が止まった瞬間に、内部表現を書き替えやすいというのは、内部表現が切り離され、不安定になるからです。

私が指をちょっとだけ触れたため、Aさんの中で動き出した握手フレームは不安定になります。不安定になると、人間はゲシュタルトを安定した状態に戻そうとします。これは、人間はコンフォートゾーンから離れると、ふたたびコンフォートゾーンに戻ろうとする原理と同じです。

ところが、握手フレームが止まり、そのゲシュタルトが不安定になっている間は宙ぶらりんですから、Aさんはそれを別の安定したゲシュタルトに統合しようとします。

そのときに、「契約しよう」という情報を入れてやると、無意識が一生懸命になって不安定なゲシュタルトに「契約しなきゃな」というゲシュタルトを統合し、じっさいに行動をとらせるよう働くのです。

これは、催眠や洗脳の研究で有名なミルトン・エリクソン派の基本技のひとつです。フレームに嵌《は》めることによって、他人をコントロールするのは、じっさいとても簡単です。

相手の内部表現を書き換える

Aさん「今日は
お話だけ伺いに……」
私「まあ、よろしくたのむ」

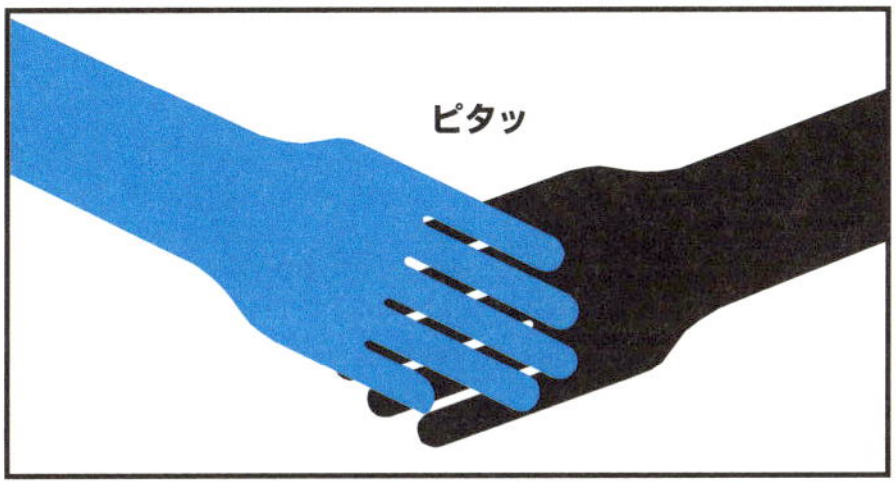

Aさん「…………」

**握手という一連の動きのフレームを崩されたので、
脳が一時停止をして、軽いトランス状態に。**

ボソッとつぶやく
私「今日、契約しましょう」
Aさん「お話を
お伺いしましょうか」
無意識に刷り込まれる

**相手の不安定なゲシュタルトに安定した
強いゲシュタルトを統合させることで、
相手を思い通りにすることもできる！**

じつは、小泉元首相が北朝鮮に電撃訪問を果たしたとき、金正日が小泉さんにこの技を使っていました。私はその映像を見て、「小泉さん、やられているな」と思ったものです。

対社会レベルのフレームを利用した内部表現書き換え技術

以上に紹介したのは対個人のレベルの話ですが、対社会のレベルでこうしたことを行うこともできます。

たとえば、最近の例では、原発事故の電力危機がそうです。

電気がなくなってたいへんだと世の中が騒いでいるときに、「計画停電しましょう」といって、人々に節電フレームを選ばせます。不安になっているところに「計画停電」が提示されると、多くの人はそれを受け入れることによって安心します。

そして、そのうちに嬉々《きき》として節電隊などの活動を始めます。明らかに電気が足りるようになっているのに、まだ節電運動をやっているわけです。

思いどおりの方向に社会を誘導するために、このようなことは意図的にたくさん行われています。

世情というものは面白いもので、社会の最適化の枠組みの中で個人が自然にフレームを受け入れています。人々は、その慣れ親しんだ状態の中でグレインサイズの最適化を行い、リアリティーをつくっています。

たとえば日本を例にとれば、地域ごとに文化はあるものの全体として最適化されたものがあり、それを個人がフレームとして受け入れています。

そういうフレームレパートリーをたくさん持ち、あとは好きなときにその中のフレームのひとつを出してあげれば、人々は勝手にそのフレームにコミットしてしまいます。いわば、それが政治経済の流れや社会のトレンドをつくりだしているのです。

そのように考えると、多くのことは予想ができる、ということになります。

ものすごく簡単なたとえ話をすると、レストランを知らない人に、「いまあそこに入った人は、これから飯を食うぞ」と予言し、ぴたりと的中させて、「すごいですね。なぜ未来が見通せるんですか」といわれるようなことが起こります。

同様に、「食べ終わったら、あの人はお金を払うぞ」といえば、「すごい千里眼だ。百発百中じゃないですか」ともなります。

しかし、これは予言能力でも千里眼でもありません。単に、フレームを知っているというだけの話です。

日本でよく当たると有名な占い師の人たちも、同じことをやっています。それは、他の人よりもゲシュタルトをよく知っており、それがどう動いていくかを知っているからです。

また、金融先物取引などで儲けを出している人も、大きな経済のフレームの中でゲシュタルトが出来上がっています。そのフレームにしたがって周りの人々が勝手に動くため、先々に起こることを予測でき、儲けを出すことができるわけです。

フレームによる予測能力の高い人物とは？

フレームによる予測を得意とする典型は、軍部であり、軍人でしょう。

日本では、たとえば、海軍大将の山本五十六《いそろく》です。

ここでは詳細を語りませんが、戦略的な配置などを見ると、山本五十六がかなり多くの戦局を同時に想定しながら組み立てている様子が読みとれます。グレインサイズの調整と並列度の調整だけでなく、フレームで相手を認識することで、うまく予測を立てているわけです。

成功した軍人というのは、おしなべてそういうものです。

もちろん、戦争学という分野では、フレームを使った戦局分析はごく当たり前に行われています。

たとえば、海軍大学などでは、ワーテルローの戦いに始まり、ありとあらゆる戦争の戦術と戦略を徹底的に記憶して分析しています。彼らの頭の中には、そういうグレインサイズがたくさん動いているわけですが、人間のやることはおおよそ似ていますから、ターゲットはプロの軍人によって上手に嵌められてしまいます。

戦術と戦略という言葉がありますが、その違いは、フレームによる仕掛けにあると捉えることができます。

戦術のレベルは、勝つための小グループの技術で、レイヤーでいえばミドルレイヤーくらいです。もちろん、そのフレームは相手に対する予想に使われますし、行動の最適化にも使われます。

いっぽう、戦略のレベルになると抽象度が高くなり、大局の中で相手を敗北の泥沼に引きずり込むような技術になります。つまり、相手をこちらの思うツボに嵌まるよう動かしていくわけです。

戦略という観点でいえば、日本は太平洋戦争に引きずり込まれたと見るべきですし、それ以前に、ソ連のスパイ、ゾルゲなどによって弱体化されていきました。それこそが、対日戦略というべきものであり、その意味で、日本はきわめて巧妙に敗戦の土俵際に追い込まれていったといえるでしょう。

太平洋戦争では、日本はひとつひとつの局地戦では勝てたケースがありますが、戦略では思い切り負けていました。そして、昭和20年8月15日に向かって、東南海大地震、全国津々浦々の本土絨毯《じゅうたん》爆撃、2度にわたる原子爆弾の投下によって、近代の戦争史上稀《まれ》に見る大敗北を喫しました。

戦略で勝つためには、たくさんのグレインサイズのフレームを同時に動かし、それを自分で調整し、相手のフレームまで仕掛けて動かすことが必要です。

戦略をうまく使える人には、誰もかないません。それが、相手は好き勝手なことをやっているつもりでいながら、じつはこちらの掌で踊っているという状態です。

フレームにコントロールされるな！

戦争について、一言つけ加えれば、およそ研究されていない戦争はひとつもないという点でしょう。この世のありとあらゆる戦争は、すべてまな板の上に載せられ、丁寧に腑分けされ、研究しつくされているといえます。

どういう状況で、どのようなフレームを動かしてやれば、どのような結果が生まれるか、その筋の専門家にとって、もはや成り行き不明のことは存在していません。

後は、そのためのツールをどんどん新しくしていくだけのことです。

かつては外交折衝でフレームを動かされ追い込まれていたものが、いまはツールが新しくなり、フェイスブック、ツイッターへと進化しています。ツイッターのつぶやきひとつで世界が変えられる時代に突入したことは、『現代版　魔女の鉄槌』の中で詳しく述べました。

とはいえ、フェイスブック、ツイッターの中でとられている戦略は、ナポレオンの時代から本質的には変わっていません。そして、それはグレインサイズの扱い方の問題ですから、今後もコンテクストは何でもいいわけで、やり方さえ覚えればフェイスブックの次の時代になっても使える、ということです。

このように、人間はフレームで動きます。

それは、グレインサイズで動くということです。

したがって、逆にいうと、人間は自分自身をもそれで動かしますから、グレインサイズを最適化すれば飛躍的な進化を遂げることができます。もっと大きな視点でいえば、戦略的に相手を望んだ方向に動かしてやることもできます。

つまり、よりよい方向に社会を導いてやることもできる、ということです。

いずれにせよ、これからはグレインサイズの概念をよく学ぶことのできた人が、大きな変革の力を持つ時代が生まれていくに違いありません。

特別付録

グレインサイズを高める
並列読書トレーニング

ここからは２冊の本を同時に読むトレーニングを行ってもらいます。

苫米地英人著『コンフォートゾーンの作り方』の一部と『頭の回転が 50 倍速くなる脳の作り方』の一部を朗読した音声が収録されています。

２つの本を読むトレーニングを行います。このテキストと CD は独立したものですので、CD を流さず２冊の本を読むトレーニングをしてください。


【並列読書のやり方】


リラックスして、目線を本のページの中央に置き、１ページが視野に入るようにして下さい。１ページ上段、１ページ下段をひとかたまりに考え、１ページ上段と順に速く読めるようにして行って下さい。

慣れてくれば、１ページを同時に理解できるようになってくるはずです。さらに視点を本の中央において、どんどん認識の枠を広げていけば、１度に見開きページが目に入ってきて、２つの本を同時に読めるようになってくるのです。

Unit1　TPIEtの世界へ

タイス・プリンシプル・イン・エクセレンス（TPIE®）とは何か

●元祖コーチ

フットボールのコーチだったルー・タイスが、アマチュア選手たち及びプロチームのメンタル強化法をビジネスマンと企業組織に適用し、人材の育成や企業の成長に目ざましい成果を上げるようになったのは、かれこれ40年前のことになります。

１９９０年代になると、コーチング・ビジネスが爆発的に普及し、タイスの弟子や孫弟子たちがコーチングスクールをあちこちで設立したことか

Chapter1

脳を鍛えても頭は良くならない！

～最新！機能「脳」科学が解明した最速・超効率の学習法とは？～

●脳を鍛えるとは？

書店や家電量販店などの光景を思い浮かべてください。

そこには、

「脳を鍛える」

という名のついた本やゲームが多量に積まれています。

しかし、それらの本を読んだり、ゲームをやって、「頭が良くなった人」を知っていますか？

ら、さまざまなコーチングのプログラムが乱立するようになりました。

こうしたビジネス上の競争は、プログラムの差別化をうながす一方、コーチングを受ける人と企業の目標達成のために、さまざまな心理操作手法を取り入れる一種の流行を生みました。実はこれが、現在のコーチングに誤解と混乱を及ぼしています。

人の脳機能を正しく理解することなしに、心理操作テクニックなどを安易に取り入れた結果、コーチングを受ける人や組織の目標達成を、むしろ困難にしてしまうような状況が生まれたのです。

ルー・タイスが一般向けに教えているプログラムは、言語に重きを置いたプログラムです。その

おそらく読者の皆さんは、「頭が良くなった人」を知らないでしょう。

実は、これは脳科学的にいうと当たり前の話です。

たしかに、「脳を鍛える」系の本やゲームで紹介されているトレーニング類は、ボケ防止程度には役立つかもしれません。

手先を動かしたり、多少は頭を使うので、何もやらないよりはやったほうがずっといいでしょう。

でも、あなたが本当の意味での能力アップを望んでいるなら、「脳を鍛える」系の方法を一度中止する必要があります。

頭が良い人がやっていること

では、「脳を鍛える」とはどういうことなので

核心テクニックはアファメーションと言えます。

ルー・タイスの方法論が注目されるようになると、アファメーションを「暗示」と誤解する人が増え、暗示や催眠を使った亜流の自己変革の方法が世の中に登場します。

しかし、これは決定的な間違いなのです。

●タバコはおいしい

暗示とは、そうではないとわかっていることを「そうだ」と思い込ませる技術です。

二十数年前、催眠の大家に催眠を学んでいた時代に、私も自分に暗示をかけてタバコをやめた経験があります。

自分にタバコを吸ったら気持ちが悪くなるというしょうか?

たとえばサッカーで考えてみましょう。

サッカーがうまくなりたいと思ったとき、ゴールに向かってシュート練習をしたり、走りこみをしたりします。

これは、「鍛える」系の練習といえます。

つまり、「脳を鍛える」系の練習ということです。

その一方で、監督とホワイトボードを使って戦略を練ったりしなければ強くはならないでしょう。

とくに、サッカーの一流選手は、まるで頭のてっぺんに目が付いているかのように、高い所から試合全体を見渡せる能力を持っているものです。というより、その能力があるかないかが一流と二流を分けているわけです。

う暗示をかけると、本当にタバコを見ただけで気持ちが悪くなり、それはもう一撃でタバコを止めることになりました。

しかし、私自身は、相変わらずタバコはおいしいとわかっているわけです。このアンビバレントな気分がおわかりになるでしょうか。

自己実現プログラムなどでよく見られるのは、暗示や催眠を使って、現実には貧乏であるのに、私は大金持ちだと思い込ませる方法です。

しかし、こうした暗示が一時的に効果をもたらしたとしても、その思い込みがその人のゴール達成を可能にするかと言えば、決してそうではないのです。

なぜなら、暗示や催眠でできることは、具体的

たしかに、「脳を鍛える」系の練習をひたすらやれば、シュートがうまい選手や体力の強い選手はつくれるでしょう。でも、一流選手に必要な試合全体を見渡せる能力はつくれません。

勉強ができても使えない人とは？

これは、サッカーだけでなく、一般社会でも同じです。

たとえば、試験勉強だけできて東大卒の人間がビジネスの世界で必ずしも「頭が良い人」ではないのと同じです。東大卒でも全然使いものにならない人もいますし、学歴はなくても圧倒的な実績を持っている人もいます。

簡単にいえば、「勉強だけができる人」と「頭

なゴール達成とは無関係だからです。

自分が有能だと思い込むことに成功したとして、それが具体的なゴールにつながらなければ、いったいどれほどの意味があるといえるでしょうか。

ポジティブな思考になったからといって、その人が具体的な成果を示すことができなければ、単にそれだけの話で終わってしまうのです。

●ゴールの世界の臨場感

それに対して、ルー・タイス・プログラムでは、ゴールの設定がすべてであると言えます。そして、ルー・タイス・プリンシプルの核心は、そのゴールの世界を強くリアルに感じるとゴールの世界が現実になる、というものです。

が良い人」は違うわけです。

「勉強だけができる人」というのは、過去に見たことがある問題をやらせれば高い点数をとるでしょう。しかし、今まで見たことのない問題に出くわしたときに、できない可能性が高い。彼らは過去問題集をひたすら解いている人なのです。

一方で「頭が良い人」は、今まで見たことのない問題も解くことができるのです。彼らは過去問題集などやらなくても、その分野の基本的な参考書なり教科書を1冊読んでいるだけで、応用問題も解けてしまうのです。

では、「勉強だけができる人」と「頭が良い人」の違いは何でしょうか？

決定的な違いは、「高い視点を持てるか」といこの時、アファメーションは、ゴールの世界の臨場感を上げる道具として使われます。アファメーションというテクニックを使うことによって、ゴールの世界を強くリアルに感じるようにするということです。

そもそもゴールというものは、臨場感が高くて初めて選ばれるものです。

ゴールを強く意識し、リアルに感じている人は、今の自分のゲシュタルトとゴールの世界のゲシュタルトと、最低2つのゲシュタルトを持っています。

ゲシュタルトとは、人間の精神の全体性を持ったまとまりのある構造、つまり統合的な人格のことです。

うことです。サッカーの例でいえば、高い視点を持つということが「高い所から試合全体を見渡せる能力」なのです。

この「高い視点を持つ」ということを「抽象度が高い」と本書では説明します。

脳は知っているモノしか見えないが…

ここで、少し脳の話をします。

私が拙著の中でいつも書いているのは、「脳は知っているものしか認識できない」ということです。

たとえば、私がホワイトボードを原始人に見せたとしましょう。これをホワイトボードだと知らない原始人は、ただの壁くらいにしか思わないで人は潜在的には、複数のゲシュタルトを持つことができます。ただし、臨場感を持つホメオスタシスを維持できるゲシュタルトは同時に1つだけです。

バイリンガルの人は、英語を話す時と英語を話していない時では人格が異なります。また、多重人格障害の人は、5人10人、あるいはそれ以上の人格を持ちます。

しかし、表に出てくる統合的な人格はつねに1つです。同時に複数の人格が出てくることはありません。

だから、具体的なゴールに臨場感を持つ人は、ゴールの世界のゲシュタルトと自分の今のゲシュタルトと、どちらか1つが自我により選ばれ、表

しょう。

つまり、黒板すらない世界の原始人にホワイトボードを教えようとすると、非常に苦労するのです。現代なら小学生でも3歳児でもホワイトボードを認識できます。原始人は大人でもホワイトボードを認識することはできません。

しかし、高い視点で物事を見ることができる（抽象度が高い思考ができる）原始人はホワイトボードを見て、文字を書くところだと認識できる可能性があるのです。

地面に木の棒かなにかで文字や絵を書いたことがある原始人で、高い視点で物事を見ることができる（抽象度が高い思考ができる）原始人なら、ホワイトボードという知らないモノを見ても、何

に出ることになります。

ゲシュタルトは、より臨場感の高い方が選ばれるのがセオリーですから、ゴールの世界を現在の自分よりも強くリアルに感じていなくては、ゴールの世界のゲシュタルトは顕在化してきません。

ゴールのゲシュタルトが表に出てこなければ、ゴールの世界が実現することもなくなります。

逆に、ゴールの世界の臨場感が現状よりも強ければ、ゴールのゲシュタルトが顕在化し、その結果、ゴールの世界が実現していくことになります。

つまり、ゴールの世界のゲシュタルトが選ばれるようにゴールの世界の臨場感を上げることができれば、自然にゴールの達成へと進むことができます。

かわかってしまう。

つまり、この抽象度が高い思考ができると、

「知らないモノも認識できるようになる」

ということです。

IQが高いということは？

実は、抽象度が高い思考ができるようになると、圧倒的にIQが上がります。

IQというのは、

「抽象度の高い空間に対して身体性を持って操作できるか」

という能力をいいます。

先日、数学者とある程度高度な数学の話をしたときのことを例に説明します。そのとき、複素数

たとえば、「現在のゲシュタルト＝年収500万円の私」で、「ゴールの世界のゲシュタルト＝年収1億円の私」だった場合、ゴールの臨場感が現在よりも強ければ、年収1億円は達成されることになります。

その時の中心技術が、アファメーションなのです。

変性意識

もちろん、ゴールの世界の臨場感を上げるアファメーションもまた、内部表現の書き換えの技術であり、変性意識の技術であることに変わりありません。

たしかに、一昔前まで内部表現を書き換える技術としては、「変性意識を生成し、催眠をかけ、空間（想像上の数字である虚数と実数からなる空間）の話を、お互い手ぶりで話しました。

虚数空間（という数学者のイメージ上の空間）のことを手ぶりで話すのは変に思われるかもしれません。でも、IQが高ければ、実際には存在していない虚数空間をまるで存在しているかのように指で感じて、臨場感を持って話ができるわけです。

これがIQが上がるということなんです。

IQが高い状態というのは、

「いかに触れられない世界を自分の体で触っているかのように感じられるか」

なのです。そして、重要なのが単に高い抽象度の世界を感じられるというレベルじゃないということです。操作できなければならないのです。

暗示をかける」という言い方をしていました。

変性意識とは、英語でオルタード・ステーツ・オブ・コンシャスネスであり、意識が変性した状態と解釈されますが、実は、これは人間の無意識が解明されていないころの用語です。

たとえば、映画を見たり、小説の世界に没頭したりしている時が変性意識であり、物理世界に臨場感がある時は変性意識ではないという説明が過去には可能でした。

しかし、認知科学が誕生して以来、そういう解釈が間違いであることがはっきりしてきました。

認知科学による最新の定義で言えば、臨場感が物理的現実世界に１００％ある時のみが変性意識でない状態である、ということになります。これ

その世界をまるで今、目の前にある世界のように手で触れ、舌で味わい、体で感じることができ、さらに操作できるのがＩＱなのです。

たとえば、「３つの図形から共通のパターンを見つけ出し４つ目の図形を推定する」といったＩＱテストも、パターンを見つけ出すという抽象化能力（「ゲシュタルト能力」ともいう）を要求します。

しかし、このような図形のパターン化能力程度の抽象能力では、現代の情報化社会で通用するＩＱレベルには不足しています。学校のＩＱテストで良い点をとる程度の抽象度は、真のＩＱとはいえないのです。

そして、真のＩＱの高い「新しい脳」をつくる

では変性意識でない状態の人は、お釈迦様だけになってしまうのです。

その理由を述べる前に、RAS（ラス）とスコトーマのことを説明しておく必要があるでしょう。

RASというのは、人の脳の活性化ネットワークのことで、毎秒毎秒五感に入ってくる大量のメッセージの中のどれを意識するかを決定する役割を果たすものです。いわば私たちが受け取る情報のフィルターとして、情報の取捨選択を行っています。

スコトーマとは、盲点のことです。私たちは身の周りの情報をすべて理解しているかのように感じていますが、実はスコトーマによって隠されていることがたくさんあります。

のが本書の最終目的なのです。

誰でも「新しい脳」をつくれば、IQが上がる！

ですから、本書のノウハウをマスターすれば圧倒的にIQが上がります。本来、見えないものが見えてくるでしょう。

この章の冒頭で話した「脳を鍛える」系の本やゲームで紹介されているトレーニングは、今ある知識の中から脳の運動神経を速くして、いかに最適な解を求めるかということを訓練しているだけ。

たくさんやれば、誰だってだんだん速くなりますし、老化も防ぐでしょう。しかし、ただそれだけのことです。

そこには、本当の抽象化という概念が入っていなぜ私たちにスコトーマがあるかといえば、それはRASがあるからなのです。私たちの脳がRASによるフィルターを通して現実世界を認識している限り、その認識にはスコトーマがあり、現実世界をそのまま認識している人は1人もいないのです。

だから、目の前にあるものが見えなかったり、ないものが見えたり、ということが起こります。

では、RASというフィルターを通して現実世界を認識している人間にとって、リアリティーとは何でしょうか。

それは、過去の記憶によって成り立っているものにほかなりません。昨日までの自分が過去に受けた強い情動記憶によって、今日の現実世界が目

ません。だから、IQは上がらないのです。

しかし、IQが上がれば全然違う能力が手に入ります。

今までであれば、ある試験に合格しようと考えたとき、1年間かけて基本の教科書、数々の参考書、過去問題集などを使って勉強する必要があったかもしれません。

しかし、抽象度の高い思考ができるようになってIQを上げることができれば、基本の教科書を1度読んだだけで合格することが可能になるでしょう（本書の後半では、記憶力アップや速読のテクニックにも触れます）。

IQが上がれば、今まで1年かかったものを1日でマスターすることだって可能なのです。

の前に広がっているのです。

言うまでもなく、昨日までの記憶は、人によってぜんぜん違っています。

つまり、人はそれぞれスコトーマとＲＡＳを持ち、その結果として同じ物理世界を見ている他人は誰もいないということなのです。

ふつうの生身の人間である限り、お釈迦様になることはどだい無理な話です。ということは、ふつうに生きている人は全員、ＲＡＳが存在し、スコトーマがあり、物理的現実世界を見ていないということになります。

これが何を意味するかと言えば、私たちは全員、変性意識の状態にあるということです。そのため現代では、変性意識という言葉自体にとりた

本書のノウハウをマスターして、ＩＱが上がったあなたを想像してみてください。あなたなら、何をしますか？

しかし、何か1つの学習をしようと思ったときに、ある問題が出てくるのです。

それは、「クリティカルエイジ」という問題です。

ＩＱの高い「新しい脳」をつくる方法を紹介する前にクリティカルエイジについて説明します。これは、あることを習得しようというときに覚えておく必要があることだからです。

クリティカルエイジとは？

多くの人が勉強でもスポーツでもいいのですが、何かを習得しようというときに、今まで経験

てて大きな意味もなくなりつつあります。

この点からも、暗示や伝統的な催眠がきわめて限られた変性意識を引き起こす道具であって、コーチングの道具としてはあまり役に立たないことがわかります。

まったく新しいプログラム

ＴＰＩＥ（タイス・プリンシプル・イン・エクセレンス）はルー・タイスと私がつくった新しいコーチング・プログラムです。

ビジネス・コーチング・プログラムとして過去に展開してきたＩＩＥ（インベストメント・イン・エクセレンス）の新バージョンと受け止められるかもしれませんが違います。

してきたことの延長線上で新しいことを習得しようとしてしまいます。

しかし、これが大きな間違いなのです。

これは、生物が持っているクリティカルエイジという問題です。

クリティカルエイジとは、遺伝的に決まっているそれぞれの器官のそれぞれの機能の発達の年齢のことをいいます。たとえば、言語であれば、8～13歳くらいまでに母国語としての言語の習得が止まってしまうといわれています。

昔やった動物実験では、ある特定の期間、生後間もない猫の赤ちゃんに光を当てないと、一生目が見えなくなったというのが報告されています。

これは、この実験が行われた特定の期間が猫の視

TPIEをつくるにあたっては、脳科学や認知科学の新しい成果をふんだんに取り入れました。プログラムをまったく新しくした目的は、ビジネス・コーチング・プログラムの決定版として広く認識してもらうためです。

具体的に言えば、アファメーションを日々の暗示と受け取って暗示や伝統的な催眠テクニックを応用しようとする誤解を一挙に氷解させ、同時にプロのコーチたちが「テクニックの迷路」に迷い込まないようにすることです。

TPIEを習得すれば、ビジネス・コーチングを行ううえで、もはやほかのプログラムや技術を習得する必要はありません。もちろん、暗示や催眠のかけ方などのテクニックも、いっさい必要が

覚の発達にとってのクリティカルエイジだったために、目の発達ができなかったことを証明しています。

現代社会に生きる私たちにとってクリティカルエイジが問題になってくるのは、おそらく母国語以外の言語を習得しようとするときでしょう（私が行っているセミナーの中でも「英語脳」のクラスは特に関心が高いことでもわかります）。

一般的に、小学生くらいのときを海外で過ごした日本人は、バイリンガルになっています。しかし、大人になってから海外留学した日本人は、日本語以外の言語習得をしようとしても、なかなか難しいのが現状でしょう。

ましてや日本にいながらにして外国語を習得し

なくなります。

ルー・タイスが始めたコーチングは、きわめて科学的な方法です。

彼は四十数年前から、その時々の心理学の最新の成果を取り入れてきました。

プログラムにしても、アメリカのトップクラスの心理学者たちと組み、つねに新しいものに更新しています。


ようとしている人は、ほとんどの人が挫折しているはずです。後述しますが、これは日本の英語教育の問題でもあります。

次章では、「英語脳のつくり方」を解説しながら、クリティカルエイジについて述べたいと思います。クリティカルエイジがわかれば、本当に必要な学習が何なのかがわかってもらえるはずです。

Unit2
スコトーマとRAS
リアリティーを見えなくするもの

あなたは、あなたが現在まで重要だと思っている物事しか見ることができません。

●脳の情報処理能力は大したことない！

かつて究極のコンピューターと考えられていた人の脳は、脳機能の研究が進むにつれ、実はそのままでは大した情報処理能力を持っていないことがわかってきました。

ただし、脳がすごいところは、大した働きを持っているように見せかけるのが非常に上手な器

Chapter2
なぜ、大人になってから外国語を学ぶと上達が遅いのか
～「英語脳のつくり方」に学ぶ
クリティカルエイジ克服法～

●生物の進化とクリティカルエイジ

人類も含めて生物の進化は、「最適化」と「最適化の超越」の繰り返しです。

最適化というのは、環境に対しての最適化です。生物は身体が発生してきた中で、どんどんどんどんその環境に最適化、その環境に対して最適化を維持するように進化してきました。

そして、1つの最適化を済ませると、その種は

官であるという点です。

私自身がいろいろ研究してきたことの結論を言えば、私たちが今見ている世界は過去の記憶によって成り立っているということです。

つまり、私たちは、昨日見たものを、今日は見ないのです。

その理由は、脳の情報処理能力にあります。過去に見たものを、今わざわざ全部認識するとしたら、脳の情報処理がとうてい追いついていかないのです。

その代わりに、脳は私たちを、昨日見たものを今日も見たという気にさせます。

見た気にさせると言うと、過去の情報が記憶に全部入っていて、それをリアルタイムで海馬が

その最適化を固定化します。固定化するということは、もしも環境が変化してもその最適化が維持されるわけですから、その生物は絶滅してしまうリスクがあります。しかし、それが種の論理なのです。

ただ、突然変異であったり、何らかの意志の力であったりして、最適化を超越した個体が現れることがあります。ここに「淘汰の論理」が働き、さらなる進化を促します。

クリティカルエイジも最適化です。ある問題があって、それを最適に解決する解ができると、その解を習得した神経ネットワークはそれを固定化するわけです。

言語であれば、「1つの地域は1つの言語でい

引っ張り出して意識に貼りつけるのだろうと誤解されそうですが、実は、脳は情報を引っ張り出すことさえしません。

つまり、脳は「知ってるよ」と自分をダマすのが得意な器官なのです。

脳が本気で働くと餓死する！

同様に、脳は「俺はすごいんだ」と思わせるのがうまく、実際は大した情報処理を行っているわけではありません。

もっとも、脳がぜんぜん大した働きをしない器官だと考えるのは間違いです。情報処理も、脳が本気でそれをやるとしたら、たいへんな能力を発揮するでしょう。

い」というのが最適な情報の伝達方法であって、「1つの地域が2つの言語を同時に維持することは最適化ではない」というのが人類が選んだ最適化だったというわけです。

ですから、言語であれば8〜13歳くらいの間に固定化されてしまうクリティカルエイジが遺伝情報として生得的に書きこまれているのです。

だから、母国語以外の言語を大人になってから学ぶためには、無理やりクリティカルエイジを克服させるという働きかけが必要になってくるのです。

クリティカルエイジと学習

とくに言語というのは、高度に構造化されたシステムなのでクリティカルエイジ期間が長いのです。

しかし、困ったことに、もし脳が本気で働いたとすると、私たちは餓死してしまいます。脳は人の身体の中で最もエネルギーを必要とする器官であり、それがフル回転すれば、その瞬間に本人が餓死するほどのエネルギーを消費してしまうのです。

こうした事情を考えれば、過去に見たものを見ないにもかかわらず、脳が「見ているよ」と自分をダマすのも、生命の危険を回避する手抜きであるに違いありません。

脳が手抜き器官であることが、実はＲＡＳのカラクリそのものです。

カクテル・パーティーを例にしましょう。見知った仲間がグループになって談笑する大規模なスタンディング・パーティーのことです。

学習というのはビルの建築でいうと、まず土台をつくって、ビルを建ててっていうふうに構造的なものです。ですから、ビルを建てている途中で、「あっ、しまった。土台の設計を間違えた」といって土台を掘り返されると、すべてが壊れてしまいます。

学習も同じで、土台の次元があって、ビルの外装の次元があって、建物そのものの次元があって、構造の次元があって、内装の次元があるというように順番にきます。

それを最初からビルも建っていないのに、内装をつくろうとしてもつくれません。そのためにクリティカルエイジがあるのです。

１つ前を固定し、「もうここから先は土台をい人間は、見ず知らずの人とは距離がくっついてもあまり気になりません。ところが、見知った仲間だと、その相手とは自分にとって違和感のない距離を保とうとします。

自分が会話している相手とは距離を保つ一方、見ず知らずの隣のグループとはほとんど距離がありません。当然、自分が会話している相手の声よりも隣のグループの話し声の方が大きく聞こえているはずです。

仮に、会話の相手と1メートルの距離、見ず知らずの隣人と20センチの距離だとすれば、音量を表すデシベルは距離の2乗で下がっていきますから、隣の関係のない人の声の方が自分の会話の相手よりも25倍大きいのです。

じられちゃ困りますよ」っていうのがクリティカルエイジなのです。

そういう順番がないとものはつくれません。ビルは物理空間に建てますが、情報空間にビルを建てているのが学習だからです。

バイリンガルは二重人格

クリティカルエイジがあるもう1つの理由は、人格を維持するためです。人間は、クリティカルエイジがないと、人格を維持できない可能性がある。

私もそうですが、バイリンガルの人は英語を話しているときと、日本語を話しているときの人格は違います。

たとえば、私の場合は英語で学んだ知識も学んしかし本人には隣の人の声は聞こえず、1メートル先の相手の声が聞こえています。

なぜなら、人の脳がその時重要でないと思った情報を遮断するからなのです。

これがカクテル・パーティー効果です。つまり、これがRASなのです。

このRASの結果をスコトーマと言うわけです。スコトーマは、もともと眼科の用語で盲点を意味するものです。ここで言うスコトーマとは、視覚情報だけでなく、聴覚情報や触覚情報など、全感覚情報を含んでいます。

もちろん、RASがあるからこそ、人間は正しく行動することができます。

重要な情報を見ない、聞かない、感じないといだ期間も違います。大学と大学院のほとんどはアメリカにいて、小学校は日本、中学校は半分アメリカ、社会人になってからは学者としてはほとんどアメリカで、ビジネスマンとしては大半を日本で過ごしています。

ということは、おそらく英語人格は学生人格であり、学者人格であり、日本語人格はビジネスマン人格だと思います。

英語で話している人格と日本語で話している人格が違うのは自分でもわかるわけです。

つまり、クリティカルエイジというのは人格性そのものになります。もしも、言語におけるクリティカルエイジがなければ、おそらく1つの人格を整合的に維持できなくなってしまいます。

うシステムがあるからこそ、私たちは正常な意識状態を保つことができるのです。

たとえば、隣の人の声が気になって目の前の相手と会話ができなくなることもありませんし、ベッドの感触が気になって夜眠れなくなることもありません。

そうならないように、脳が重要ではないと判断した瞬間に、それが見えなくなり、聞こえなくなり、感じなくなり、脳が無理やり盲点をつくり出してくれるわけです。

脳は見たいものしか見ない！

さて、私たちは、ＲＡＳによってでき上がった世界にいます。ということは、私たちの目の前に

そのときそのときごとに違う人になってしまいます。

それを逆向きに言うと、新しい言語を学ぶということは、違う人になってしまうということです。だから新しい言語は脳も心も学びたくない。人格を維持することが最適状態の維持であるから、クリティカルエイジが存在するわけでもあるのです。

クリティカルエイジは本当にあるのか？

私がクリティカルエイジの話をすると、

「おばあちゃんになってから英語をマスターした人もいるから、クリティカルエイジというのはないんじゃないか」

ある世界は、自分の脳が重要だと判断した情報だけで成り立っています。

では、脳が何を重要だと判断するのかといえば、「昨日までの自分が重要だと判断していたもの」を重要だと判断するのです。

つまり、結果としての目の前の世界は、昨日までの自分が重要だと判断した情報のみで成り立っているということです。

これがまさに、あなたのリアリティーがＲＡＳとスコトーマによって限定されていることのカラクリなのです。

したがって、自分と自分のマインドを変えていかない限り、あなたの脳には昨日、昨年といった過去において重要だった情報か、その延長としてといってくる人もいます。

しかし、そのおばあちゃんはネイティブからするとマスターしたというレベルではないかもしれません。クリティカルエイジの克服とは関係なく、それなりに上手になったのかもしれません。

もちろん、たまたまそのおばあちゃんが英語を学んだ方法が、私がオススメするクリティカルエイジを克服する方法だったのかもしれませんが。

私が主張したいのは、

「クリティカルエイジはあるが、クリティカルエイジは克服できる」

ということなんです。

ですから、私にとっては、おばあちゃんになってから英語をマスターしたって聞いても驚きませ今の瞬間に重要な情報しか認識されることはありません。

そこで、まずはゴールの設定が非常に重要になってきます。

今の自分のコンフォートゾーンの外側にゴールを設定し、そのゴールに自分自身で責任を持って臨み、それをリアリティーとして自分のものにしていくのです。

すると、ＲＡＳがオープンになり、ゴールを達成するための情報が次々に脳に飛び込んできます。

卑近な例をあげれば、人は新しいテレビを買おうと決めたとたん、テレビの広告などで流されているさまざまな情報が目に入るようになります。

テレビを買おうという気持ちがなかった時は、

ん。それが本当なら、そのおばあちゃんが「たまたま正しいクリティカルエイジを克服する方法で英語を学んだのだろう」と思うだけです。

前述した「生後間もない猫に特定の短期間に光を遮断しただけで、そのまま一生視覚能力を失った」という実験からもわかるように、クリティカルエイジはあります。

本書では、あまりに専門的になりすぎるので詳細は省きますが、クリティカルエイジ現象が神経ネットワークの数理実験などを通して確認されていることも事実です。

では、実際にクリティカルエイジを克服するにはどうすればいいのでしょうか？

スコトーマがかかって、記事にも気がつきません。このように、何か新しい目標を設定すると、私たちのマインドを支配している今現在のリアリティーが変わり、スコトーマが外れます。

さらにゴールの世界のリアリティーを強めていくことで、今まで見えなかったゴール達成の方法が、当たり前のこととして見えてくるのです。

「英語脳のつくり方」に見るクリティカルエイジ克服法

ここからは、クリティカルエイジを克服する方法をよりイメージしやすいように、私が指導している「英語脳のつくり方」クラスでの方法論を説明していきます。

私が指導しているのは、外国語をネイティブ「並み」に上手になるための方法論ではなく、英語をネイティブスピーカーとして、つまり母国語として成人してから使えるようにするための方法論です。

ネイティブスピーカーという言葉は曖昧な言葉ですが、簡単にいうと、「文法ルールなどを暗記することなく、自然にあ

Unit3

情動記憶があなたをつくる

情動記憶があなたにとって何が重要かを決めています。

あなたのハビットとアティテュードは、情動記憶によってつくられています。

同様に、あなたのブリーフも情動記憶に基づいて形成されています。

●人間にとって意味を持つ過去

何が重要な情報かを決めるのは自分の過去であるということをユニット2で述べましたが、ここでいう自分の過去とは何でしょうか。

る言語を習得した人たち」のことをいいます。

私たちが日本語を文法ルールを学ばずに学んだのと同様です。

では、どうすればいいか?

これは、本質的にはすごく単純で日本語の神経ネットワークを利用して英語を学ばなければいいだけです。

日本語という言語を学習するにあたっての神経ネットワークのクリティカルエイジは終わっていても、まだ英語をネイティブスピーカーとしては学んでいないわけです。ということは、脳の物理レベルでは日本語のネイティブスピーカーは本来、英語に対してのクリティカルエイジはないは人間にとって意味を持つ過去は、それを意識しているかいないかにかかわらず、おしなべて強い情動をともなった過去です。その記憶は、情動記憶と呼ばれます。

つまり、情動記憶があなたにとって何が重要かをつねに決定しているのです。あなたが持つハビットやアティテュードも同じです。

ハビットとは、一般に習慣と訳されます。ただ、ここではもう少し広い意味を持つ言葉として使っています。たとえば、ふだんついこうしてしまう癖などもハビットに含まれます。毎日の日常の中で、当たり前のように無意識で行うことすべてを指しています。

一方のアティテュードは、態度というよりも、行

ずです。

ただ、これは進化における選択だと思いますが、おそらく人類は過去にバイリンガル、トリリンガルである必要性がなかった。1つの言語を学べばもう二度と言語を学ばなくてよかった。そのために、「2つ目の言語は学ばなくていいよ」という認知レベルでの何らかのクリティカルエイジが働いてしまっているのです。

しかし、いろいろな研究の結果、そのいくつかの中心的なクリティカルエイジの構造体を維持したまま、全く新たに言語のネットワークが組めることがわかったのです。

つまり、日本語のネットワークを維持したまま、英語のネットワークを新たにつくれることが

動の性向であり、日常の無意識の選択のことです。

たとえば、毎朝、当たり前のようにコーヒーを飲むのはハビット。「コーヒーにしますか、紅茶にしますか?」と尋ねられて、「コーヒー」を選ぶことがアティテュードです。

こうしたハビットとアティテュードも、実は情動記憶によって決められています。

つまり、情動記憶は、ハビットとアティテュードという日常の無意識の行為と、ものの見方、考え方との両方を決めています。

言い換えれば、私たちの自我の行動を制約しているものは情動記憶である、ということなのです。

わかったのです。

日本語脳の上に英語脳はつくれない!

クリティカルエイジを克服して英語脳をつくるための第1段階は、日本語脳の活性化を抑えることです。

具体的な方法の例については本章の最後のトレーニングのところで紹介しますが、今の日本の英語教育は日本語脳を活性化させることにより英語を学ばせようとしています。

大学受験の英語とかを見ると、「この文章の意味を述べよ」って英語の文章が書いてあって、意味は日本語で書くというのが多い。

私なんかは、ここからおかしいと思ってしまい

情動記憶とは？

では、情動記憶とはどのような記憶でしょうか。

情動記憶とは、強い感情をともなった出来事の記憶です。失敗の記憶など、悪いことだけを取り上げて考えられがちですが、幼いころの成功体験など良い情動記憶もあります。

たとえば、子どものころにレストランで騒いで怒られた人は、レストランで騒いではいけないという情動記憶が残ります。怒られる体験は強い感情をともないますから、これは当然のことでしょう。逆に、レストランでおとなしくしていて褒められた経験を持つ人も同様です。

このようにして刻まれた、レストランで騒ぐこ

ます。日本語の文章は英語の意味ではありません。翻訳ではあるかもしれませんが、「この英語の文章の意味を述べよ」というときは英語で文章を書かなきゃいけないと思いませんか。

実際には文章の中には意味はありません。意味は発話状況に埋め込まれているのです。

たとえば、ある女の子が彼氏のジョンに対して、

「Ｊｏｈｎ！」

といったとします。そのときに、1年ぶりに成田空港で会って「Ｊｏｈｎ！」というのは「うれしいよ」って意味になるでしょう。でも、トイレの中から「Ｊｏｈｎ！」と聞こえてきたら「トイレットペーパー取って」という意味かもしれません。

このように、同じ言葉でも状況によって意味は

とは嫌だ、もしくはレストランで騒がないことはいいことだという情動記憶によって、行動の性向なりブリーフ・システムなりが生まれます。

つまり、レストランでよく怒られた人や、よく褒められた人は、いずれはレストランに行った時は静かにする人になり、それがまさに日常における無意識の行動と無意識の選択、ハビットとアティテュードになるわけです。

レストランに行った時静かにすること自体に、良い悪いという価値判断はありません。しかし、私はむしろ、子どものころに刻まれたこの手の情動記憶は問題であると考えています。

なぜなら、3歳や4歳の子どもがレストランなどで騒ぐのは当たり前のことで、レストランで騒

全然変わってきます。これが、意味は状況に埋め込まれているということです。

状況から切り離された文章には意味は存在しません。

しかも、それを「日本語で書け」ってやっているのが日本の英語教育なのです。

だから、私はいつも、

「日本の英語教育ではクリティカルエイジは克服できない」

といっているのです。

日本の英語教育では英語を学ぶときに、日本語で英語を学ぶので、日本語脳を活性化させることになり、日本語の土台の上に英語のビルを建てようとしてしまう。ですから、永遠にネイティブに

げない、つまり人前で騒ぐことができない大人からは、オバマ大統領のような人物は生まれません。

あるいは、リーダーや主役をつくることができないということになってしまいます。

したがって、子どものころ怒られたり褒められたりした情動記憶が本人にとっていいか悪いかの判断は、社会の状況や自分のゴールによってどちらにも転ぶものなのです。

実は、ここが大切なポイントなのですが、過去の出来事の情動記憶がつくりあげるハビット、アティテュードが自分のゴールと合致したものであるか否かについては、何の保証もないということです。

はなれません。

英語のビルを建てるときは、土台から英語用のビルを建てなければいけない。そのために必要なのが日本語脳の活性化を抑えるということなのです。

脳は勝手に文法を学ぶ！

「英語脳のつくり方」の最初にやることは日本語脳の活性化を抑えることでした。

ただし、日本語はヘッドファイナル言語であり、英語はヘッドイニシャル言語というように、ただ単にクリティカルエイジに対する働きかけのみでは、「英語脳」の実現は厳しいと考えています。

ちなみに、ヘッドとは、動詞句なら動詞、名詞句なら名詞などの一番重要な部分を指します。英

●成功を邪魔する情動記憶

ほとんどの人は、良い結果を生み出すことを妨げるようなハビットとアティテュードを驚くほどたくさん持っていると言えます。真に有能な人物になることを邪魔する情動記憶がマインドに根づいているということです。

たとえば、音楽、仕事、食べ物、人間関係、どのようなものに対しても、あなたは自分が心地良いと思う方向に動きます。

しかし、心地良いというのは、ポジティブに動くということだけを意味していません。

情動記憶によって、感情レベルで痛いだろう、恥ずかしい思いをするだろう、傷つくだろうといった情報を知覚すると、あなたは無意識のうち

語のように句や節のはじめに重要部がくる言語をヘッドイニシャル言語といいます。

ですから、次にやることは、脳の中に英語のネットワークをつくる作業です。土台があって、外壁があって、内装があってというように、英語のビルを建てていく必要があります。

では、どうやるかというと、予測する訓練をする。これは古くは１９８０年代にエルマンという人が実証したエルマンネットという概念などに基づいたやり方です。

たとえば、

「John gave mary a book」

という文章があったときに、John という単語の次に gave がきますよ、次に mary がきますよ、

にそれを拒絶します。

自分にとって居心地が良い状態を維持しようとするホメオスタシスが働いて、その状況から逃れるでしょう。結果に対してネガティブな感情を持つあなたにとって、その方が心地の良い状況だからです。

したがって、私たちは、このような無意識の行動や選択を変える必要があります。

だからハビットとアティテュードを変えることなしにゴールを設定しても、何をすればいいのかわからないまま、ゴールをあきらめることになってしまいます。

このようなハビット、アティテュードとゴールの関係を紹介すると、決まって生じる次のような

aがきますよ、bookがきますよというように、次は何がくるかという予想をしていく神経ネットワークの訓練をします。

そうやってありとあらゆる英語の文章を見せ続けると、名詞、動詞とかいう品詞別の区別も含めたネットワークができるようになります。

エルマンはそういう訓練をした神経ネットワークの状態を数理解析（クラスター分析）して、次の単語の予想だけで神経ネットワークが統語構造のみならず、品詞の区別までもが学習可能であることを示しました。

要するに文法が勝手に学べるようになるのです。

チョムスキーの仮説

誤解があります。

それは、退行催眠やトラウマ治療、過去の情動に対するリフレーミング、あるいは過去の情動に対する感受性を下げるディスセンセタイゼーションのような方法を使ったらいいのではないかというものです。

過去の情動記憶がゴールの達成にマイナスに作用するのであれば、その情動記憶に働きかけ、過去を細工すればいいというわけです。

しかし、これは非常に大きな間違いといわなければなりません。

なぜなら、退行催眠をはじめとする過去の情動記憶に対する働きかけは、トラウマを悪化させるなど、たいへん大きなリスクをともないます。し

さらに、マサチューセッツ工科大学の教授である言語学者のチョムスキーの仮説「言語能力生得説」と「ユニバーサル文法説」が正しければ、脳は生得的にほとんど文法能力は持っていて、あとは言語ごとにパラメーター(設定)を調整するだけだということになります。

日本語はヘッドファイナル言語であり、英語はヘッドイニシャル言語というように、言語によって多少の違いがあるけれども、基本的には言語というのは1つの体系であって、あとは設定をうまく調整すればいいというのがチョムスキーの仮説です。

かも、仮に効果をもたらしたとしても、それがゴールと合致する結果を生むかは関係ありません。

何よりも、過去の情動記憶に細工をする最高の方法は未来に対する働きかけである、という重要な事実を見逃しています。

もちろん、コーチは精神科医でも、臨床心理士でもありません。

英語脳のトレーニング

ですから、英語脳の基本的なカラクリは簡単です。

・日本語脳の活性化をさせない
・次を予想する（決して暗記しようせずに、次を予想する）

実際に、私がオススメしている方法は、英語のドラマを何度も繰り返して見続ける方法です。

「英語脳のつくり方」クラスで教えるときは、「日本語脳の活性化を抑える音源」を聞いてから、ドラマを繰り返し見る方法を勧めています。

ドラマを見ていても、最初は何だかわからなくてもいいから、ずっと聞く。もちろん、絶対に日本語の字幕を出してはいけません（その瞬間、日本語脳が活性化されてしまうからです）。

Unit4

人は過去に生きている

あなたは過去の中に生きています。

あなたの目の前の世界、そしてその延長線上としての未来（＝ステータスクオ）は、すべて過去の情動によって決められています。あなたの目の前の世界は、ＲＡＳによって許容された過去の経験に基づく情報にすぎません。今日という日は、昨日のままであるということです。

●あなたは過去の中で生きている！

私たちは、過去の中に生きています。なぜならば、目の前の現実とその延長線上としての未来

そのあとは慣れで次がどんどん予想できるようになってくる。文法規則が学習されるということです。そして、いつの間にか理解できるようになります。

意味は状況に埋め込まれています。だから、視覚情報が意味理解上、きわめて重要です。

文字を学ぶのは、とにかく全部予想できるようになってからです。英語のクローズドキャプション（英語の字幕）を見て、この単語はこうやってスペルするのかっていう、音を見てからスペルを覚えるだけで十分。

前述したように、完全に予測できるようになれば、文法は脳が勝手に覚えます。1日最低でも5時間、できれば12時間以上、これを3週間は続け

は、すべて過去の情動記憶が重要だと決めたものだからです。

私たちは、情動記憶が重要だと決めたものしか、RASのフィルターによって受け取ることができません。そうでないものは、スコトーマによって隠されてしまうのです。

ということは、今日という日は昨日の延長であり、あなたは現在、過去に生きているということになります。今日が昨日と同じであるならば、明日は必要ないはずです。

私たちが明日を必要とするためには、まず、日々自分の目の前に見える、自分自身の現実世界について、1つひとつどういう情動記憶がかかわって、それを自分に見えるようにしているのかてください。

アメリカのスパイ教育で使われていた!

ちなみに、この方法に近いことがかつてアメリカのスパイ訓練で行われています。アメリカでは、初期のベルリッツのトータルイマルジョン法を国務省が正式に採用してスパイ訓練に使っていました。

このベルリッツの発明したトータルイマルジョン法とは、たとえばロシア語がしゃべれない国務省の官僚に対して、1日11時間ロシア語だけをしゃべり続ける。それも11人の教師が1時間ごとにずっとくる。

それを何日間も続けると、ものすごい勢いでロ考え、判断することが重要です。

たとえば、ルー・タイスの講演会でよく行うことは、今見えている赤いものを全部、列挙してくださいという方法です。

そう言われても、赤いものがそんなにたくさんあるとは思えないのですが、会場の人が列挙した赤いものは意外なほど多く、それぞれに見えている赤いものにかなりの違いがあることに気づかされます。

これは、人が自分の情動記憶に結びついているものしか見ていないからです。

TPIEでは、実際に自分が今目の前に見ている世界と、隣の人が見ている世界が違うということをよく学ぶことが重要です。そして、自分に見

シア語ができるようになるという方法です。

ここまでで、「英語脳のつくり方」の基本的なカラクリはわかったと思います。

ただし、ここで問題が出てきます。一般的に子供が大人とまともに話せるようになるのは、最低でも7~8歳です。ということは、この方法だけでは7~8年やり続けなければいけないことになります。

しかし、もっと早くできるようになる方法があるのです。

それを次章で解説します。

えていないものがあったら、なぜそれが見えていないのかという理由を探すことが大切なのです。

現実世界は記憶によってつくられている！

現実とは、マインドの内側の問題でしょうか、それとも外側の問題でしょうか。

人は、現実とは私たちの外側に広がっている物理的現実世界だと考えがちです。

しかし、認知科学の誕生によって、その物理的現実世界も、実は自分の記憶が生み出しているにすぎないとわかった、ということはすでに紹介した通りです。誰しも経験があると思いますが、マインドが変われば違った物理的現実世界が見えてくるということです。

Chapter 3
ようこそダ・ヴィンチ・プログラムの世界へ
～誰でもできる加速学習プログラムのメカニズム～

最短・最速でマスターするには？

前章で「英語脳のつくり方」の基本的なカラクリはわかったと思います。

しかし、ここで大問題があります。

それは、前章で紹介した「英語脳のつくり方」をただ単にやっているだけでは、マスターするまでに7～8年かかってしまうことです（子供が大人と同じくらいに会話ができるようになる期間と同じになってしまいます）。

しかし、もっと早くマスターする方法があります。

あなたのマインドの内側にあるリアリティーの質と、外側にある仕事、結婚生活、富、人生とは密接な関係を持っています。

あなたのマインドにあるリアリティーを変えることによって、自分の人生を変え、達成したいゴールの世界を真に実現することができるということです。

●認知的不協和

心理学に、認知的不協和という言葉があります。

これは、人が認知している自分の内側の現実と外側の現実に矛盾が生じた時に、その不協和を解決しようとする心の作用のことです。

人間は、混乱なしに2つの対立する事柄をブ

それは、第1章で説明した「抽象度を上げる」という方法です。つまり、IQの高い「新しい脳」をつくればいいのです。

抽象度を上げるということは、見ていない知識を見ている知識と同じように認識できるわけです。ですから、本来、知らないことは認識できないはずなのに、抽象度が上がれば認識可能になる。つまり、知っているのと同じ効果があるわけです。

これを「英語脳のつくり方」にも生かす。

たとえば、日本語脳としての活性化を抑えると、言語体験としての知識、知見も抑えられてしまいます。

しかし、抽象度を上げることができれば、それより1つ高い抽象度の（言語を超えた抽象度の）

リーフとして持つことはできません。ゲシュタルトは1つしか維持できないからです。自分の内側の現実と外側の現実が合わなくなると、どちらか一方に合わせてリアリティーをつくり変えてしまうのです。

たとえば、目の前のテーブルの上に財布があるのに、「財布をなくした」と思い、あわてた経験はないでしょうか。

「たいへんだ！財布がない！」という強烈な思いがリアリティーになると、それが目の前にあっても見えなくなります。

自分の中のリアリティーによって、スコトーマが生み出されます。財布がないという内側の現実に、外側の現実を合わせるわけです。

知識を生かすことができるわけです。

つまり、高い抽象度の下に日本語脳と英語脳がぶら下がっており、抽象空間は生かすわけです。

そうすれば、大人になるまでに学んだ知識が利用できるようになる。たとえば、今まで体感したことや経験したことを日本語という言語空間より上の抽象空間にまで持っていくことにより、英語脳と結びつけることができる。

そうすることによって、日本語を一切介せずに、今までの体験も含めた知識を英語の言語の中で生み出せるのです。

ということは、英語脳をつくるのにも、抽象化の能力が必要になってきます。

ですから、私が「英語脳のつくり方」クラスで同様のことは、仕事においても日常的に起こっています。

「仕事は嫌だ」「5時まで我慢すれば、後は自分の楽しい時間だ」という言葉を自分に対して繰り返し語っている人は、仕事を苦痛に感じるものしか見えなくなります。

会社や職場で、喜びにつながる物事に気がつかない状況が生まれるのです。

なぜなら、そのように設定されたマインドがスコトーマを生み、その設定から外れた情報を見えなくさせるからです。このような人は、周囲に対しても、ネガティブなリアリティーを形成するように働きかけてしまいます。

とすれば、マインドの内側にある今の現実を変

指導するときは、「抽象化訓練」クラスと一緒に教えるようにしています。

もちろん、英語脳をつくるのに7~8年かかってもいいという人には抽象化の訓練はいりませんが。

つまり、英語脳を速くつくりたければ、

・抽象化の訓練をしながら日本語脳の活性化を抑える
・次を予想する（決して暗記しようとせずに、次を予想する）
・英語のドラマなどのＤＶＤを朝から晩まで見続ける
・抽象化訓練を行う（次章で詳しく説明します）

ということになります。

そうすると英語脳が勝手にできてしまうのです。

えることによって、マインドの外側の現実も変わることになります。

つまり、「未来のゴールの世界のリアリティー」を「今ある現実のリアリティー」よりも高めることによって、あなたが感じる不協和が、ゴールの世界を達成するように導いてくれるということです。

マインドの形成

人間は無意識のレベルで、同じ意見の人を求め、探す一方、自分の意見に反対したり、同意しない人を避けるのがつねです。

たとえば、愛し合って結婚した夫婦が、最初のうちこそ「あなたは立派よ」「いや、お前こそよくやってくれてるよ」と言い合っていたとしても

実は、「抽象度を上げる」ことによって、加速学習が可能になる！

実は、「抽象度を上げる」方法は英語だけじゃなくて、ありとあらゆる学習に応用できるのです。この方法を使うとあらゆる学習が圧倒的な速さで学べるようになります。

これが、「新しい脳」をつくるメカニズムなんです。

そもそも、学習とは1つ上の抽象空間（「ゲシュタルト」といいます）をつくっていくことです。言語も数学も武道もスポーツもすべて同じ。言語であれば、最初は「アー」とか「ウー」という音を出すところからはじまって、それが単語になり、文章になっていくというように1つ上の抽

も、そのうちに正反対の真実を見て、「あなたが、そんなズボラだとは思わなかったわ」「お前こそ、何もできないくせに」とケンカをするのはよくあることです。

夫は、仕事帰りに飲み屋に寄り、同じような境遇の仲間と「うちも、そうだよ」「女房には参ったよ」などとぼやきます。もちろん、「いや、奥さんは悪くないよ。悪いのはあなたの方だ」という人がいたら、その人とは決して話をしようとはしないでしょう。

夫婦関係を改善するためには、昨日までと違う何かをしなくてはならないはずですが、それを考え実行することなど、ふつうは眼中にありません。

その結果、マインドを変えない限り、過去が決

象空間をつくっているのです。

１つ上の抽象空間をつくり、他のありとあらゆる過去の人生の中でやってきた体験を新しい学習とガーンと結びつけると、圧倒的な速度でいろんなことが学べるようになります。

前述したように、人間がやっている世界は、ビルを建てていようが、音楽をつくっていようが、本質は同じでしょう。ビルを建てるのと曲を書くのなんて全く同じです。構造物をつくる世界であって、それが物理空間なのか音楽空間なのかという違いだけです。

ですから、今まで体感したことや学んだことを、きちんと抽象化できていれば新しい学習が圧倒的な速さでできるようになるのです。

めた自分の意見や考え方は毎日コピーされ、強化されることになります。

もちろん、それとともにＲＡＳとスコトーマもますます強化されていきます。冷え冷えとした夫婦関係にまっしぐらということです。

そこで、自分のマインドに誰が影響を与えるのか、誰の話に耳を傾けるのかという点は、よくよく注意しなくてはなりません。

仕事への取り組み方や人に対する見方、自分自身の将来などの事柄について、他人があなたに与える情報をそのまま受け入れてはいけないということです。

自分のマインド形成は、自分自身で行うことが大切です。他人に委ねてはいけません。

つまり、クリティカルエイジが働く必要のない抽象度まで上げてしまえば、クリティカルエイジは関係なくあらゆる学習が可能になるのです。

レオナルド・ダ・ヴィンチのような人は、ありとあらゆることにたけていたわけですが、それはそれぞれを必死になって学んだわけじゃありません。それぞれ学んだことを全部抽象化（ゲシュタルト化）しているので、次のことはベースとなる知識があれば全部その場でマスターできてしまっていたというわけです。

加速学習をマスターするためのコツ

抽象度を上げることができると、圧倒的にＩＱが上がり、新しい言語が自由自在に学べるようにましてや、コンフォートゾーンを引きずり降ろそうとする人、偏見を持った人、危険な考え方を持った人に、自分のマインドや知覚をプログラムさせるようなことがあってはならないのです。

なるし、新しい技能、新しい学習があっという間にできるようになるという効果があります。

普段の言語活動であったり、身体活動であったり、何らかの学習した活動よりも1つ、2つ高い抽象度に上げる。その抽象度を維持したまま新しい学習をする。

しかし、ここでの注意点は、「英語脳のつくり方」のときに日本語脳を抑えたように、過去の学習ネットワークの活性化は抑えなくてはいけません。過去の学習ネットワークに新しい学習をのせようとすると絶対にうまくいきません。

よく何か特定のスポーツをやっていた人は、別のスポーツの学習が遅くなるといわれます。

それは前のスポーツでやった動きをそのまま

Unit5

自分を過小評価していないか

認知的不協和をなくそうとするセルフ・レギュレーションは、無意識における自然で生得的なホメオスタシスの活動です。

現状を維持するために、ブリーフに違反する新しいアティテュードと行動は、それがどのようなものであれ意識に表れることはありません。

ホメオスタシスのセルフ・レギュレーションに基づいて維持される現状のことを、コンフォートゾーンと呼びます。

どうやってブリーフはつくられるのか？

ブリーフそのものは、情動記憶でつくられます。

持ってきてしまうから、癖が出てしまっているのです。だから、前のスポーツの動きは、一度リセットしなければいけません。

とはいえ、そのとき学んだスポーツの体の運動に対する抽象化された学習は利用していいわけです。ただ、前のものが関係ないほど抽象度を上げてしまえばいいのです。

どのレベルまで上げればいいのか？

では、どのレベルまで抽象度を上げればいいのでしょうか？

私が勧めているのは、「過去に学習したもの」と「新しく学習したいもの」とが共有する1つ上の次元まで抽象度を上げる方法です。

ここでいうブリーフとは、いわゆる体験的な記憶としての信念と自分が言葉として聞いた情報を受け入れた結果としての信念との両方を合わせた内容を意味しています。

たとえば、子どものころにお母さんから「コーヒーは身体に悪いから飲んではダメですよ」と言われて飲まなくなったというような場合に、ブリーフというのです。

コーヒーを飲まないというブリーフは、コーヒーを飲むたびにカフェインが多いからやめなさいと叱られたというような情動が背後にあって、初めてできるのです。

同様に、子どものころにコーヒーを飲んで、ひどく苦くていやな経験をしたというような場合に

この1つ上の次元をリースト・アッパー・バウンド（Least Upper Bound）といったりします。自然数の掛け算における最小公倍数に相当します。

そして、このリースト・アッパー・バウンド（LUB）を見つけ出すことが、もっとも効率のいい学習方法なのです。

アメリカ人がスペイン語を学ぶのと、日本人が英語を学ぶのとでは全然LUBの高さが違います。

たとえば、英語とスペイン語は、言語族が近いのでLUBの抽象度が高くない。だからネイティブスピーカーになるのは決して難しくありません。

一方、日本語と英語だと、言語族が違うのでLUBの抽象度は、かなり高いところにあるから難しくなります。

も、その時の情動が、後にコーヒーを飲まないという無意識の選択をさせるようになります。

いずれにしても、コーヒーを飲まないという行為、あるいは「コーヒーにしますか、紅茶にしますか？」で紅茶を選ぶ無意識の選択は、情動記憶がもたらしているのです。

そして、そのような情動記憶によって、人それぞれのものの考え方や見方、つまりブリーフ・システムがつくられていくのです。

現状維持しようとする

ブリーフがその人のパフォーマンスを決定するということは、人がブリーフ以上の力を発揮することはできないということです。

ダ・ヴィンチは抽象度が高い！

ここまでの話はわかったでしょうか？

実は、新しい言語の学習は簡単なんです。新しい学習も簡単です。

また、レオナルド・ダ・ヴィンチの話になりますが、彼がすごかったのは抽象空間での臨場感を維持するということが、生得的なのか自ら訓練したのかはわかりませんができたことです。

そうすると、その抽象空間の臨場感を維持できれば、1つ高い抽象度で新しい学習を取り込んでいくので、ものすごく学習が速い。

私も、

「よく先生なんでもやりますね」

とかいわれますが、私は1つのことしかやってそれは、セルフ・レギュレーションの働きがあるからです。

人は、たえずセルフ・レギュレーションを繰り返す存在です。目の前の現状とその延長線上としての未来を維持するために、人は、ブリーフとブリーフ・システムに合致しない、あるいは違反する行動をとろうとはしません。

新しいことをしようとしても、それは現状を維持していかなければならないというセルフ・レギュレーションに防御されて、意識に表れることもありません。

なぜなら、ブリーフ・システムに違反することを受け入れると、それが新しいブリーフになり、目の前の現状が変わってしまい、今のゲシュタル

いないと思っているわけです。

ギターを弾いたり、映画をつくったりいろんなことをやっています。抽象度が低い視点から見ると別々のものに見えますが、私自身は同じことをやっていると思っているのです。

ＩＱの高い子供を育てるのも簡単！

この章の最後にＩＱの高い子供を育てるとっておきの方法を紹介します。

娘をハーバードとスタンフォードの両方に合格させたアメリカ人の友人がいます。彼は、ＵＣバークレー出身のもともと反権威的な人で子供の受験といったことに反対するタイプです。

でも、そんな彼の娘が名門大学に入ったと聞い

トも崩れるからです。

つまり、現状と現状のゲシュタルトを維持するために、人は無意識のうちに、ブリーフ・システムに違反する新しい行動をすべて排除しているということなのです。

●ブリーフを変えなければ元に戻る！

もし、ブリーフ・システムに違反する新しい行動が引き起こされたとしても、それはホメオスタシスによってすぐに元に戻されてしまいます。

たとえば、タバコが好きな人が一時的に禁煙しても、喫煙というハビットは消えず、再びタバコを吸うようになります。あるいは、肥満した人がダイエットして痩せても、数カ月後には肥満に戻

たので彼に「どういう教育をしたの？」と質問をしたことがあります。そのときの彼の答えは、

「とにかく子供には小さい頃から、物事のカラクリを説明させてたんだ。何でもいいけどね。信号で止まると、『何で車は信号で止まらなきゃならないんですか』っていう質問をする。そうすると、子供が一生懸命説明する。とにかく世の中に対して説明をいつもさせてたんだ」

と教えてくれた。

まさに、説明するという行為をさせることで抽象度の高い世界をつくるという訓練をさせていたんです。抽象度の高い世界がつくれれば、ＩＱが上がるというのは本書でも再三述べてきたとおりです。

ります。太った人には、私は太っているというブリーフ・システムがあるので、これも無理からぬ話なのです。

つまり、ブリーフを変えずに行動を変更しようとしても、元に戻ってしまうのです。

それが、ブリーフ・システムによるセルフ・レギュレーションのカラクリです。

これがコンフォートゾーンの役割なのです。

コンフォートゾーンとは、自分にとってちょうどいい状態のことですが、それは同時にホメオスタシスによってそのまま維持される現状のことを指しています。

したがって、タバコを吸う人はタバコを吸うのがコンフォートゾーンにいることであり、肥満の

説明原理を与えるということは、一度事象の抽象化が必要ですから、抽象思考をすることと同じです。知識を暗記するのとは全然違います。実際、私の友人が試験勉強なんかさせずに、娘を名門大学に入れているわけですから。

私も、どうせ教育するなら、試験勉強させるよりもそのほうがいいと思っています。少なくとも暗記方式より断然いいでしょう。

子供さんをお持ちの方は、少し参考にしてみてください。

人は太っていることがコンフォートゾーンにいることなのです。

それが、ブリーフがその人のパフォーマンスを制約する、ということです。人は、コンフォートゾーンを変えない限り、この制約から逃れる術はありません。

〈著者プロフィール〉

苫米地英人（とまべち・ひでと）

脳機能学者・計算言語学者・分析哲学者・実業家。

マサチューセッツ大学を経て、上智大学外国語学部英語学科卒業。その後、2 年間の三菱地所勤務を経て、フルブライト留学生としてイエール大学大学院に留学（計算機科学学科博士課程人工知能専攻）。その後、コンピューター科学の分野で世界最高峰と言われるカーネギーメロン大学大学院に転入。計算言語学の博士号を取得（日本人初）。

イエール大学・カーネギーメロン大学在学中、世界で最初の音声通訳システムを開発し、CNN で紹介されたほか、マッキントッシュの日本語入力ソフト「ことえり」など、多くのソフトを開発。帰国後、三菱地所の財務担当者としても活躍。自身の研究を続ける傍ら、1989 年のロックフェラーセンター買収にも中心メンバーの一人として関わった。

その後、徳島大学助教授、ジャストシステム基礎研究所所長、通商産業省情報処理振興審議会専門委員等を歴任。中国南開大学客座教授、全日本気功師会副会長。現在、株式会社ドクター苫米地ワークス代表、コグニティブリサーチラボ株式会社 CEO、角川春樹事務所顧問、米国公益法人 The Better World Foundation 日本代表、米国教育機関 TPI®インターナショナル日本代表、天台宗ハワイ別院国際部長。

また、カルト信者の脱洗脳や、国松警察庁長官狙撃事件で実行犯とされる元巡査長の狙撃当日の記憶の回復など、脱洗脳のエキスパートとして公安警察の捜査に貢献。現在も各国政府の顧問として、軍や政府関係者がテロリストらに洗脳されることを防ぐ訓練プログラムを開発・指導している。

近年は、同時通訳者としての経験や脳機能学者・計算言語学者としての見識から生み出した「英語脳のつくり方」プロジェクトが大反響を呼んでいるほか、本業のコンピューター科学分野でも、人工知能に関する研究で国の研究機関をサポートするなど精力的に活躍。自己啓発や能力開発の分野における世界的権威ルー・タイス氏とともに、米国認知科学の最新の成果を盛り込んだ能力開発プログラム「PX2®」の日本向けアレンジに着手。日本における総責任者として普及に努める。また、TPI®の新プログラム TPIE®の開発総責任者として、全世界に先がけて、日本に TPIE®を導入中。

一方、格闘家前田日明氏とともに全国の不良たちに呼びかけた格闘イベント「THE OUTSIDER」を運営。また、全世界放映の「ディスカバリーチャンネル」や「明日使える心理学！テッパンノート」(TBS・毎日放送系列) など多数出演。

著書に『夢をかなえる方程式』『現代版　魔女の鉄槌』『「オトナ脳」は学習できない！』『クロックサイクルの速め方』『バイリンガルは二重人格』『コンフォートゾーンの作り方』『なぜ、脳は神を創ったのか？』『フリー経済学入門』『まずは親を超えなさい！』『残り 97％の脳の使い方』『頭の回転を 50 倍速くする脳の作り方』『脳と心の洗い方』『英語は逆から学べ!』『英語は逆から学べ！実践トレーニング編』『英語は逆から学べ！上級トレーニング編』『英語は逆から学べ！英会話トレーニング編』『脳単マッピング』(以上フォレスト出版) などがある。

＜最新情報は苫米地英人ブログ＞
http://www.tomabechi.jp/

＜苫米地英人公式ケータイサイト＞
http://dr-tomabechi.jp

編集協力／岡本聖司
DTP／白石知美（株式会社システムタンク）

グレインサイズの高め方

2011年9月29日　　初版発行
2020年4月13日　　2刷発行

著　者　苫米地英人
発行者　太田　宏
発行所　フォレスト出版株式会社
〒162-0824 東京都新宿区揚場町2－18　白宝ビル5F
電話　03-5229-5750（営業）
03-5229-5757（編集）
URL　http://www.forestpub.co.jp

印刷・製本　日経印刷株式会社

ISBN978-4-89451-459-1　Printed in Japan

聴くだけで目標達成できる! CD付

280万人の人生を変えた世界最高峰のプログラム

コンフォートゾーンの作り方

~図解TPIE®プログラム~

脳科学と心理学の「世界の頂点の知能」を集結させた「TPIEプログラム」のエッセンスをまとめ、図解でわかりやすさを追求した1冊

苫米地英人著
定価 本体1300円 + 税
ISBN978-4-89451-413-3